어텐션
ATTENTION

어텐션ATTENTION

초판 1쇄 인쇄 _ 2024년 1월 10일
초판 1쇄 발행 _ 2024년 1월 20일

지은이 _ 이은대

펴낸곳 _ 바이북스
펴낸이 _ 윤옥초
책임 편집 _ 김태윤
책임 디자인 _ 이민영

ISBN _ 979-11-5877-369-4 03190

등록 _ 2005. 7. 12 | 제 313-2005-000148호

서울시 영등포구 선유로49길 23 아이에스비즈타워2차 1005호
편집 02)333-0812 | 마케팅 02)333-9918 | 팩스 02)333-9960
이메일 bybooks85@gmail.com
블로그 https://blog.naver.com/bybooks85

책값은 뒤표지에 있습니다.
책으로 아름다운 세상을 만듭니다. ― 바이북스

미래를 함께 꿈꿀 작가님의 참신한 아이디어나 원고를 기다립니다.
이메일로 접수한 원고는 검토 후 연락드리겠습니다.

ATTENTION

어텐션

이은대 지음

주목하는 모든 것은 현실이 된다!

바이북스
ByBooks

엄청난 속도로 달라진다!

다섯 개의 단어에 주목해야 합니다.

기분

말과 글

행동

목표

나

특별할 것도 없는 다섯 개의 단어. 이 조합으로 당신은 삶을 통째로 바꿀 수 있습니다. 이렇게 장담하는 근거는 명확합니다. 제가 경험했고, 500명이 넘는 제 수강생들이 경험했기 때문입니다. 사람마다 환경과 조건, 그리고 성향이 다르니 성급한 일반화 아니냐는 반론이 있을 수도 있겠습니다. 책을 계속 읽다 보면 알겠지만, 위 다섯 단어를 일상에 적용하는 데에 환경이나 조건, 그리고 성향 따위는 필요 없습니다. 책 팔아먹으려는 허튼수작처럼 여겨진다면 당장 책을 덮어도 좋습니다. 하지만, 이것 하나는 알아두었으면 좋겠습니다. 시련과 고통이라면 손가락에 꼽을 정도였던 제가, 불과 19개월 만에 평범한 수준 이상의 삶을 누리게 된 것이 바로 위 다섯 개의 단어 덕분이었다는 사실입니다. 혹시 반짝 성공 아닌가 싶어 8년 동안 제 삶을 지켜봤습니다. 막노동 현장에서 일당 9만 원 받으며 간신히 생계를 유지하던 제가, 지금은 누구도 부럽지 않은 풍요로운 삶을 누리고 있습니다. 단 한 번의 흔들림도 없었습니다. 생의 마지막 순간까지 "주목"하려 합니다.

미리 말하지만, 저는 노력과 실행을 최고의 덕목으로 삼고 있습니다. 머릿속으로 생각만 하고 실천하지 않는 사람들을 향해 쓴소리를 마다하지 않습니다. 혹시 이 책을 펼친 사람 중에서 아무것도 하지 않고 방구석에 앉아 '선명한 상상'만 하면 다 이루어지는 그런 방법을 기대한 독자가 있다면 한참 잘못 짚었음을 말씀드립니다.

"어텐션"은 두 발을 견고히 땅에 딛고 시작하는 기술입니다. 주어진 몫의 삶을 최선을 다해 살아내야 함을 전제합니다. 물론, "어텐션" 없이 열심히 살아가는 태도도 존중합니다. 성과와 평가 위주의 세상에서 묵묵히 자신의 길을 걷는 사람이야말로 인정받아야 마땅할 게 아니겠습니까. 그럼에도 "어텐션"을 책으로 내는 이유는, 불꽃처럼 살아가는 이들에게 기름을 부어주고 싶은 심정에서입니다. 누구보다 열심히 살았다고 자부합니다. 하지만 큰 실패를 겪었지요. 욕심이 과했다는 사람도 있고, 발을 잘못 디뎠다며 안타까워하는 사람도 있고, 돈에 눈이 멀어 자멸했다고 흉보는 사람도 많았습니다. 모두가 맞는 말 같아서 한동안 아팠습니다. 그 과정에서 삶을 돌아보았습니다. 어디서부터 무엇이 잘못되었는지 유심히 살폈습니다.

멀쩡하게 잘 살아가는 사람은 유인력의 법칙에 별 관심 없을 겁니다. 힘들고 어려운 시기에 처하면 비로소 삶의 법칙에 관심 가지게 마련이지요. 론다 번의 《시크릿》에 등장하는 인물들만 보더라도, 다들 위기와 역경 겪었음을 알 수 있습니다. 저도 그랬습니다. 시궁창에 빠져 허우적거리다가 문득 알고 싶어졌습니다. 도대체 내가 무엇을 얼마나 잘못한 거지? 내가 놓친 게 뭘까? 나는 무엇을 모르고 있었던 걸까?

결론부터 말하자면, "시크릿과 다락방"은 제게 별 도움이 되지 않았습니다. 내용에 문제가 있었다는 게 아니라 실천하기 어려웠다는 뜻입니다. 이 책에 담긴 내용 중 일부가 그것들과 유사할 수도 있겠지만, 가장 큰 차이점은 적용에 있습니다. 어렵고 복잡한 이론은 딱 질색입니다. 저는 단순하고 직설적입니다. 뜬구름 잡는 얘기를 싫어합니다. 그래서 제가 읽은 끌어당김 법칙에 관한 수많은 책 내용을 쉽고 간결하게 정리했습니다. 저처럼 단순한 사람한테 딱 맞도록 순서와 체계를 정립하고 죽기 살기로 실천했습니다.

그 결과 지금의 삶에 이르렀지요. 풍요롭고 행복하게 살고 있습니다. 오죽하면 누군가 꿈이 뭐냐고 물을 때마다 "내일도 오늘처럼 살고 싶다"라고 답을 할 정도겠습니까.

강의할 때마다 입이 근질거렸습니다. 나를 믿고 배우러 온 이들, 감사해서 나누고 싶었습니다. 내 삶을 순식간에 바꾼 "어텐션"을 전해주고 싶었습니다. 그러나, 내가 누린 효과를 다른 사람들에게 전하기 위해서는 논리와 증명과 정돈이 필요했습니다. 꽤 오랜 시간이 흘렀습니다. 물론, 앞으로도 완성도 높이기 위해 더 공부하고 보완해야 하겠지만, 이제는 어느 정도 정리가 되었다고 판단했습니다.

이 책을 손에 쥐고 펼쳐 여기까지 정독하고 있는 독자라면 이미 "어텐션"의 기본 능력은 검증된 셈입니다. 그렇습니다. 주목입니다. 관심을 가지고 눈과 귀를 모아 집중하는 것. 대충 눈으로만 읽는 것과 주목해서 읽는 것은 분명 큰 차이가 있습니다. 인생도 마찬가지입니다. 모두가 열심히 산다고 말하지만, '흐름에 실려 열심히 살아가는 것'과 '주목해서 열심히 살아내는 것'은 전혀 다른 결과를 낳습니다. 이 또한 저의 경험에서 비롯한 이야기입니다.

이제 본격적으로 시작해 보려 합니다. 설렙니다. "어텐션"이 가져다줄, 독자들이 만나게 될, 기적 같은 경험담이 들리는 듯합니다.

당신이 주목하는 모든 것은 현실이 됩니다. "어텐션!"

나는 내 인생에 주목한다

이은대

차례

나는 멋진 삶에 주목한다

chapter 1

기분에 주목하라

말과 글에 주목하라

행동에 주목하라

목표에 주목하라

chapter 6

나, 인생 최고의 가치를 실현하라

마치는 글

삶에 주목하라!

Attention

chapter 1

나는
멋진 삶에
주목한다

개똥 같은 인생

사업 실패 후 산더미 같은 빚을 안게 되었을 때, 인생이 끝났다고 생각했습니다. 희망이 없으니 하루하루 대충 살아도 그만이었지요. 술을 마셨습니다. 매일 정신을 잃었고, 다음 날 잠에서 깨면 불안과 고통에 몸서리를 쳤습니다.

힘들다고 생각했더니 힘든 일이 몰려왔습니다. 죽고 싶다고 생각했더니 자살 아이디어가 끝도 없이 떠올랐습니다.

"계속 어렵기만 한 사람이 있겠냐. 힘을 내야지."

끔찍이도 좋아했던 친구. 오랜만에 만나 내 상황을 있는 그대로 전했을 때, H는 담담하게 말해주었습니다. 서둘러 자리에서 일어섰습니다. 금방이라도 눈물이 터져 나올 것만 같았습니다. 계속 힘들기만 하지는 않을 거라는 H의 한마디에, 나는 잠깐이지만 '괜찮아진 삶'을 떠올렸습니다. 가슴속에서 뭔가 북받쳐 오르며 얼굴이 시큰거렸지요. 그럴 수 있을까? 과연 내 인생이 다시 괜찮아질 수 있을까?

친구와 헤어져 갈 곳을 잃고 방황하다가 버스 정류장에 섰습니다. 목적지가 없었기 때문에 아무 버스에나 올라 시간을 때울 작정이었습니다. 사채업자로부터 전화가 왔습니다. 휴대전화 액정에 뜨는 이름을 확인하며, 속으로 중얼거렸습니다. '그럼 그렇지. 개똥 같은 인생이 나아질 리 없지.'

생각은 꼬리를 문다는 말이 있습니다. 머릿속으로 어떤 생각을 하기 시작하면, 자신도 모르게 줄줄이 연관되는 생각을 하게 된다는 뜻이지요. 그리고 한 가지 더 있습니다. 그 생각의 끝에는 항상 연관되는 '사건'도 함께 닥친다는 사실입니다. 인생 최악의 순간을 돌이켜 보면, 매 순간 '나쁜 생각'만 하며 살았습니다. 문제는, 당시에는 그게 나쁜 생각인지조차 알지 못했다는 겁니다.

지금 이 글을 읽는 독자 중에는 고개를 끄덕이는 사람도 있을 테고 아직 무슨 말인지 잘 모르겠다는 사람도 있을 겁니다. 생각이 현실을 만들어낸다는 말이 잘 인식되지 않는 것은 어쩌면 당연한 현상일 수도 있습니다. 저도 그랬습니다. 단순한 예시지만, 오렌지를 먹는 상상만으로도 입안에 침이 고이는 현상을 빌어 곰곰이 생각해 보고서야 아주 조금 깨달을 수 있었습니다. 이 작은 현상은 지금 당장 실험해볼 수 있는 명확한 사실이지요. 생각이 현실을 만들어낸다는 말은 사실이었습니다.

결론부터 말씀드리자면, 저는 사업에 실패하고 파산했으며 알코올 중독에 걸렸고 감옥에 다녀왔습니다. 출소 후에는 뭐라도 해서 먹고 살아야 했기에 막노동판을 전전했지요. 대충 상상만 해봐도 알 수 있겠지만, 저는 그 당시 '좋은 생각'이라곤 할 수가 없는 상황이었습니다. 삶은 점점 팍팍해졌고, 앞날은 불투명했으며, 가족을 떠올릴 때마다 죽고 싶은 심정뿐이었습니다.

"휴…. 넌 요즘 뭘 하고 다니길래 얼굴이 그리 새카맣게 탄 거냐?"
차마 '노가다' 한다고 말씀드리지 못해서 아버지와 어머니 그리고 아들한테는 사실을 숨겼습니다. 그냥 어디 일자리 알아보러 다닌다고만 말했지요. 매일 집에 돌아오면 오물과 시멘트와 먼지가 섞여 걸레가 되어버린 옷을 아내가 서둘러 세탁기에 넣고 돌렸습니다. 하루 일당 9만원 받으며 간신히 살았던 시절. 입만 열면 한숨이 절로 나왔지요. 어쩌다 비라도 내리는 날에는 일거리를 잡지 못해 쉬어야 했습니다. 집에 있으면 눈치가 보여서 갈 곳 없으면서도 길거리를 돌아다녔습니다. 세상은 잘도 돌아가는데 나만 이렇게 바닥에 앉아 있구나. 하염없이 서글프고 쓸쓸했습니다. 잠깐에 불과했지만, 전혀 다른 삶을 상상한 적도 몇 번 있습니다. 그럴 때 기분이 참 좋았지요. 나도 모르게 입가에 웃음이 번졌습니다. 그러다가 현실로 돌아오면, 심장은 더 무너지곤 했습니다.

그토록 참혹했던 인생. 지금은 전혀 다른 삶을 누리고 있습니다. 글 쓰고 책 출간하고 강연합니다. 이 모든 것이 "어텐션" 덕분입니다. 앞으로 하나씩 차근차근 설명할 겁니다. 제가 해냈다면 누구나 다 할 수 있을 테지요. 어렵지 않습니다. 물론 연습은 해야 합니다. 그러나, 연습하는 과정 자체만으로도 이미 변화는 시작될 겁니다.

독자들께 꼭 전하고 싶습니다. 어떤 경우에도 '개똥 같은 인생'이라는 말, 하지도 말고 생각지도 마세요. 별것 아닌 말로 여기고 습관적으로 툭툭 내뱉는 사람 많습니다. 끝도 없이 바닥으로 추락할 겁니다. 악담이 아니라 진심입니다. 이것은 법칙이기 때문입니다. 법칙이란, 시간과 장소를 불문하고, 누구를 막론하고, 모두에게 똑같이 적용되는 원리입니다. 개똥에 집중하면 개똥을 얻게 됩니다. 알고서야 누가 이런 짓을 하겠습니까!

이제 여러분은 지금까지와는 전혀 다른 삶을 만나게 될 겁니다. 기대해도 좋고 설레도 좋습니다. 기대와 설렘은 '좋은 감정'이기 때문입니다. 한 편의 짧은 글을 통해 이미 "어텐션"의 대략적인 분위기를 짐작했을 수도 있겠습니다. 그러나, 한 가지 주의해야 할 점이 있습니다. "어텐션"은 어설프게 짐작하거나 대충 알아서는 효과를 누리지 못합니다. 반드시 제가 설명하는 대로, 순서를 지켜가며 따라 해야만 최고의 성과를 만날 수 있습니다. 느긋한 마음으로 계속 읽어주시길 바랍니다. 다음으로, 제가 바랐던 멋진 인생에 대해 소개하겠습니다.

아주 가끔, 멋진 인생을 꿈꿨다

멋진 인생을 위하여 첫 번째로 가져야 할 마음가짐이 있습니다. 인생은, 대단한 것도 아니고 초라한 것도 아니라는 생각입니다. 인생은 그저 인생일 뿐이라는 생각이 마음을 편안하게 만드는 최선의 방법입니다. 마음이 편안해지면 인생은 저절로 멋있게 보입니다. "좋은 것"이라는 기대를 가지면 실망하고 좌절하게 됩니다. 무슨 일이든 "바라는 마음"은 사람을 힘들게 만들지요.

화가 난다는 것은 내가 기대하는 만큼의 결과가 나오지 않았다는 증거입니다. 짜증난다는 것도, 외롭다는 것도, 슬프고 불행하다는 것도, 전부 다 내 뜻대로 되지 않는 데에서 비롯되는 부정적인 감정입니다.

"어떻게 사람이 아무것도 바라지 않고 살 수 있습니까?"

네, 맞습니다. 기대도 하고 요구도 하면서 사는 것이 우리 인생이겠지요. 저는 지옥이라고 부를 만큼 최악의 삶을 경험했습니다. 그때와 비교하면 지금은 아주 천국 같은 삶을 누리고 있고요. 더 바랄 것이 없는 삶을 누리면서도 자꾸만 더 바라게 됩니다. 돈도 더 벌고 싶고, 가족도 나한테 더 잘해주면 좋겠고, 환경도 더 나아지길 바라고, 사람들도 내 뜻에 따라주길 기대하고, 더 좋게 더 나아지길 자꾸만 요구하게 됩니다.

문득 멈춰 가만히 생각해 보면 지금의 삶은 기적이나 다름없거든요. 만 팔천 원이 없어서 어린 아들 치킨 한 마리 못 사주던 때가 엊그제 같습니다. 세상 뒤편으로 쫓겨나 가족과 떨어져 지냈습니다. 건강 다 잃고 막노동판에서 일하면서 하루하루 죽지 못해 살았습니다. 그때의 저와 비슷한 삶을 살고 있는 사람이 만약 지금의 저를 본다면 얼마나 부러워하겠습니까. 그런데도 저는 여전히 뭔가를 더 바라고 요구하고 있다는 거지요.

바라고 요구하는 마음 자체는 잘못된 것이 아닙니다. 문제는 두 가지입니다. 첫째, 바라는 대로 되지 않으면 속이 상한다는 겁니다. 이런 걸 불행이라 하지요. 둘째, 갈수록 더 큰 걸 바라기 때문에 욕심이 점점 커지게 되고, 상대적으로 실망과 좌절의 크기도 커져서 인생이 점점 힘들어집니다.

이 글 제목에 '멋진 인생'이라는 말이 들어가 있습니다. 그렇다면 어떻게 해야 멋진 인생을 누릴 수 있을까요? 일단, 내 마음이 편안해야 합니다. 지금 내가 서 있는 자리, 지금 내가 가지고 있는 것들, 지금 내가 누리고 있는 삶에 감사하고 만족하는 마음을 가져야 합니다. 다음으로, 세상을 있는 그대로 보는 습관을 가져야 합니다. 사람이든 사건이든 삐딱한 눈으로 보고 못마땅하게 여기는 마음 내려놓고, '그런 사람', '저런 사건' 그런 게 있구나 하고 끝내는 거지요. 마지막으로, 자꾸 주려고 해야 합니다. 준 만큼 돌려받겠다는 생각도 하지 말고, 오직 주는 인생을 살겠다 마음먹으면 세상이 달라 보입니다. 우리는 생각보다 많은 걸 가지고 있습니다. 그중에서도 특히 삶의 경험은 상상하기 힘든 만큼의 가치를 갖고 있지요. 전과자 파산자가 강의를 하다니요? 지금이야 제가 하고 있으니까 다들 할 수 있는 거라고 믿겠지만, 처음에 시작할 때만 해도 주변 모든 사람이 말도 안 되는 소리라고 했거든요. 저는 경험을 판 겁니다. 아픈 경험을 했기 때문에 아픈 사람들과 공감할 수 있었습니다. 직장생활이 힘들면 힘들어하는 직장인들한테 도움될 만한 경험을 전해주세요. 가족 갈등이 심하면 가족 때문에 힘들어하는 이들에게 자신의 경험담을 들려주세요. 돈이 없어 힘들면 그 힘든 마음 잘 정리해서 가난한 사람들한테 용기를 주세요. 책 많이 읽었으면 많이 읽은 경험을 전하고, 책 읽지 못했으면 읽지 못했던 경험을 전하면 됩니다. 인간은 누구나 아프고 힘든 경험을 합니다. 그래서 '부족하고 모자란 삶'에 공감하고 응원을 보내기 마련이지요.

멋진 인생이란, 내 삶에 만족하고 감사하며, 다른 사람 돕는 인생 아니겠습니까. 요트 타고 바다 누비는 인생은 멋진 게 아니라 '보여주기 위한' 인생이라서 시간이 갈수록 공허하고 허탈해질 뿐입니다. SNS에다 '잘 사는 것 같은' 사진 올리는 사람들 부러워할 거 하나도 없습니다. 진짜 잘 사는 사람들은 자기 잘 산다고 아우성치지 않습니다.

불평과 불만을 줄이고 감사와 만족을 의식적으로 느껴봅니다. 그렇게 하면 마음 편안해지고 가득 차서 다른 사람 도울 여유가 생겨납니다. 고통 속에서 허우적거릴 때, 편안하고 행복한 삶을 그려본 적 있습니다. 현재 상황이 최악인데도 슬며시 미소를 짓게 되었지요. 머릿속에서 상상만 했을 뿐인데, 그 행복한 삶을 반드시 손에 쥐어야겠다는 다짐을 하곤 했습니다. 아주 가끔이었지만, 멋진 인생에 대한 상상이 제법 효과가 있다는 사실을 알게 되었습니다. 적어도 상상하는 동안에는 현실을 넘어 행복할 수 있었으니까요. 좋은 시간이었습니다. 시간이 갈수록 그 좋은 시간을 자주 갖고 싶었습니다. 조금씩 더 자주, 저는 멋진 인생을 떠올리기 시작했습니다.

문제가 있었습니다. 상상이 끝나고 현실로 돌아오는 순간이 너무나 괴로웠던 겁니다. 영원히 상상 속에서 살 수는 없었으니까요. 현실 따로 상상 따로. 마치 마약을 복용한 사람처럼, 저는 두 개의 삶을 병행하며 때로 더 괴롭기까지 했습니다. 상상을 구체화하는 방법이 필요했지요. 글을 쓰기 시작했습니다.

글을 쓰면서 주목하기 시작했다

한밤중에 운전해본 적 있나요? 아무것도 보이지 않습니다. 자동차 헤드라이트를 켭니다. 전방 50~100미터 정도 겨우 시야에 들어옵니다. 그 상태로 운전을 시작합니다. 어떤가요? 불과 100미터 전방밖에 보이지 않는 상태에서도 서울이든 부산이든 어디든 갈 수가 있습니다. 지금 내가 있는 지점에서 서울까지, 전체를 다 볼 필요가 없다는 뜻입니다.

목표와 계획을 세웁니다. 내가 가야 할 최종 목적지를 설정하는 것이지요. 그런 다음에는 무얼 해야 할까요? 네, 맞습니다. 오늘, 지금 해야 할 일에만 몰입해야 합니다. 어차피 "지금~목적지" 전체를 볼 수는 없습니다. 전방 100미터만 주시하면서, 오늘 해야 할 일에만 집중하면 반드시 목적지에 닿을 수 있습니다.

어텐션

전체를 보는 눈은 중요합니다. 통찰력이라 하지요. 숲을 본다고 표현하기도 합니다. 퍼즐 맞출 때도 전체 그림 윤곽을 알고 있어야 합니다. 그러나, 막상 일을 시작하는 순간부터는 전체를 잠시 잊어 야 합니다. 그래야 지금에 몰입할 수 있습니다. 사람은 한 번에 두 가 지 생각을 할 수 없습니다. 숲과 나무를 동시에 볼 수 없다는 뜻입니 다. 목표와 계획을 세울 때는 숲을 봐야 하지만, 실행할 때는 나무에 집중해야 합니다.

저도 책을 쓸 때 지나칠 정도로 숲에 연연하는 경우 많습니다. 책 한 권을 쓰려면 약 40개 꼭지, 100페이지에 육박하는 글을 써야 하 는데요. 그 많은 양을 한꺼번에 머릿속에 펼쳐놓고 글을 쓰려고 하 다니 말도 안 되는 소리지요. A4용지 1.5매 한 편의 글조차 산으로 가는 경우 허다한데, 어떻게 마흔 편의 글을 몽땅 입력해서 쓰겠다 는 말입니까.

기획 단계에서는 책 전체 주제와 흐름, 목차와 구성 따위를 선명 하게 그려야 마땅합니다. 이 책이 독자에게 무엇을 줄 것인가 신중 하게 고려하고 결단 내려야 합니다. 아름다운 숲 하나를 창조하는 것이지요.

그러나 일단 집필에 들어갔다 하면, 그때부터는 "오늘 쓰는 한 편 의 글에만" 전력을 다해야 합니다. 어제 쓴 글, 내일 쓸 글, 책 전체 흐 름, 구성 따위는 철저하게 잊어버리고, 오직 지금 쓰고 있는 글의 주제만 생각하는 것이죠. 흐름이 깨진다? 맥이 통하지 않는다? 원래 초고는 흐름 깨지고 맥락 안 통하는 겁니다. 누가 초고부터 흐름과 맥락을 잡습니까.

오늘 쓰는 한 편의 글에만 집중하다 보면, 어느새 구미에 도착해 있을 겁니다. 그러다 대전 지날 테고요. 무조건 서울 도착할 수 있습니다. 산 정상에 오르겠다는 목표를 잡고, 등산로를 확인한 다음, 그때부터는 한 걸음에만 집중해야 합니다. 그래야 다치지 않고 넘어지지 않고 끝까지 완등할 수 있는 것이죠.

멀리 보는 습관은 바람직한 태도입니다. 그러나 멀리만 보는 습관은 최악입니다. 오늘과 지금에 집중하다가, 잠시 차를 멈춰 심호흡도 하고 목적지 확인도 합니다. 그런 다음, 다시 차에 오르면 또 오늘 쓰는 한 편의 글에만 몰입하는 것이죠. 이것이 바로 목적지까지 이를 수 있는 가장 현명하고 지혜로운 방법입니다.

그렇다면 왜 그토록 많은 사람이 자꾸만 멀리 보려 하고 목적지 보려 하고 숲을 보려 하는 걸까요? 첫째, 마음이 조급해서 그런 겁니다. 빨리 목적지에 이르고 싶은 욕구 때문이죠. 어디까지 왔나, 얼마만큼 남았나, 앞으로 얼마를 더 가야 하나…. 조급한 마음 때문에 자꾸만 지도를 펼쳐 보게 됩니다. 둘째, 하기 싫어서 그렇습니다. 글 쓰는 과정이 재미있고 즐거우면, 굳이 도착지까지 얼마나 남았는지 확인할 이유가 없겠지요. 지루하고 짜증나니까 자꾸만 확인하는 겁니

어텐션

다. 셋째, 본질이 다른 곳에 가 있어서 그렇습니다. 글 쓰는 삶에 뜻을 두지 않고, 돈벌이에만 마음이 가 있으니 쓰는 시간 자체가 고역일 수밖에요. 빨리 써서 돈 벌고 성공해야 한다는 욕망이 쓰는 과정의 의미를 퇴색시키는 겁니다. 넷째, SNS와 스마트폰 때문입니다. 집중력이 약해졌다는 뜻입니다. 무슨 일을 하든 몰입하고 집중하는 힘이 필요한데요. 10분을 넘기지 못하고 시선과 관심을 딴 곳으로 빼앗기니까 효율이 떨어지는 겁니다. 적어도 글을 쓰는 동안에는 스마트폰과 인터넷을 딱 끊어내는 결단력이 필요하겠지요. 다섯째, 매듭 짓는 습관이 없기 때문입니다. 일을 벌여놓기만 하고, 하나씩 끝내지를 못합니다. 멋지게 끝내주게 마무리해야 한다는 강박을 갖고 있는 듯합니다. 그래서 최종 결과물은 하나도 없고, 전부 다 걸쳐놓은 상태로 질질 끄는 것이지요. 한 가지라도 끝내야 합니다. 한 꼭지라도 매듭을 지어야 합니다. 불완전하더라도 완성품을 내놓는 습관 들여야 성장할 수 있습니다.

전체를 보는 습관 중요하다 했습니다. 허나, 전체만 보려는 습성은 최악입니다. 하나씩 차근차근 매듭지어 나아가는 습관을 만들어야 합니다. 오늘, 지금에 집중하는 것이 목적지에 이르는 최선의 길임을 잊지 말아야겠습니다.

저는 글을 쓰면서부터 집중과 몰입의 개념을 이해하기 시작했습니다. 그럴듯한 글감을 아무리 찾아봐도 헛일이었죠. 일상과 하루. 거기에 다 있었습니다. 쓰기 위해서, 보이는 모든 것들을 좀 더 자세히 들여다보고 들리는 모든 소리에 귀를 기울였습니다. 집중하니까 쓸 거리가 보이고 들렸습니다.

글을 '대단히' 잘 쓰지는 못합니다. 그러나 제가 전하고자 하는 바를 쉽고 명확하게 전달하는 것에는 어느 정도 자신 있습니다. 무슨 말인지 알아볼 수도 없을 정도로 형편없이 글을 쓰던 제가 이만큼 쓰게 된 것은, 글쓰기에 주목했기 때문입니다. 일상에 주목하고 하루에 주목하고 나에게 집중하고 보이고 들리는 모든 것에 주목한 덕분에, 그냥 받아 적기만 하면 되는구나 깨달을 수 있었던 거지요. 뒤에서 다시 얘기하겠지만, 글을 잘 쓰고 싶거나 책을 내고 싶은 사람이라면 "어텐션"이야말로 최고의 무기임을 잊지 말아야 합니다.

돈 드는 일도 아닌데

3단계를 거쳐야 합니다. 먼저 생각을 해야 하고요. 다음으로 경험을 쌓아야 합니다. 그런 다음, 다시 생각으로 돌아와야 합니다. 단순하게 보이는 이 3단계 공식이 바로 "생각을 현실로 바꾸는" 최선이자 유일한 길입니다.

작가가 되고 싶다는 바람을 안고 있는 사람이 있다고 가정해봅시다. 가장 먼저 해야 할 일은, 자신이 이미 작가가 되었다고 확신하는 겁니다. 그런 다음, 매일 작가처럼 사는 것이죠. 작가처럼 생각하고, 작가처럼 말하고, 작가처럼 행동합니다. 마지막으로는, 작가처럼 생각하고 말하고 행동한 자신을 돌아보며 "역시 나는 작가야!"라는 생각을 다시 한 번 해야 합니다.

생각을 현실로 바꾸는 방법을 통틀어 "신념과 확신"이라 부르기도 합니다. 많은 사람이 그저 머릿속으로 선명하게 상상만 하면 이루어 진다는 허황된 끌어당김의 법칙을 믿습니다. 하려면 제대로 해야 합니다. 생각하고, 실행하고, 다시 생각해야 합니다.

1단계에서 가장 중요한 것은, 털끝만큼의 의심도 하지 말아야 한다는 사실입니다. 내가 작가가 될 수 있을지 없을지 아직 증명되지 않았습니다. 그러니, 이왕이면 될 수 있다고 믿는 태도가 중요하겠지요. 돈 드는 일도 아니고, 무조건 믿어야 합니다.

2단계에서는 '똥폼'을 잡는 게 중요합니다. 이미 작가라고 믿고 있기 때문에, 책상 앞에 앉아서 작가처럼 글을 쓰는 것이죠. 길을 걸을 때는 하늘도 한 번 올려다보고, 길가에 핀 꽃을 보면서 생각에 잠겨도 보는 겁니다. 책을 읽고 사색하는 건 당연한 일이고요. 왜 그렇게 해야 하냐고요? 작가니까요!

마지막 3단계가 가장 중요합니다. 스스로 작가라고 믿고, 작가처럼 살았으니, 이제는 "나에게 그럴 능력과 자격이 충분하다!"는 사실을 받아들여야 합니다. 대부분 사람이 열심히 끌어당기면서도 성공하지 못하는 이유가 바로 3단계를 실행하지 않기 때문입니다. 무조건 생각만 한다고 해서 달라지지는 않습니다. 어떤 신념이든 그것을 뒷받침하는 근거가 있어야 강력해집니다. 믿음과 경험, 이 두 가지가 근거입니다.

부자가 되고 싶다면 어떻게 해야 할까요? 첫째, 자신이 부자임을 믿어야 합니다. 둘째, 부자처럼 생각하고 말하고 행동해야 합니다. 부자가 평소에 돈을 펑펑 쓰고 다닐까요? 착각입니다. 부자들은 돈을 쓸 시간도 없습니다. 마지막으로, 며칠 동안 부자로 살아본 자신의 경험을 떠올리면서 "난 역시 부자였어!"라는 근거 있는 확신을 가슴에 새기면 됩니다.

인간관계 스트레스를 줄이고 싶다면 어떻게 하면 될까요? 첫째, 모든 사람이 자신을 좋아하고, 자신도 모든 사람을 사랑한다고 믿어야 합니다. 둘째, 사람들과 잘 지내는 지혜롭고 현명한 사람인 척 생각하고 말하고 행동해야 합니다. 표정도 밝게 하고 짜증도 내지 말고 친절하고 우호적으로 사람들을 대하는 것이죠. 셋째, 그렇게 며칠 지내본 자신의 경험을 바탕으로 "난 사람들과 잘 지낼 수 있는 역량이 충분해!"라고 근거 있는 확신을 가지는 겁니다.

새로운 도전 앞에 서서 망설여질 때 위와 같은 방법은 그야말로 최고의 효과를 가져다줍니다. 먼저, 자신이 그 일을 잘할 수 있다는 믿음을 가져야 합니다. 둘째, 이미 그 일을 잘하는 사람처럼 생각하고 말하고 행동합니다. 셋째, 며칠 동안 그 일을 잘하는 사람처럼 살아본 결과 "난 역시 이 일에 어울리는 최고의 전문가야!"라는 근거 있는 신념을 품는 것이죠.

정치판은 시끄럽고, 경제는 엉망이고, 인공지능까지 설쳐대는 세상입니다. 힘들고 어렵습니다. 도대체 무얼 하면서 어떻게 살아야 할지 막막합니다. 혼돈 그 자체입니다. 이럴 때일수록 자신에 대한 믿음을 확고히 가져야 합니다. 세상이 비대해질수록 나는 상대적으로 작게 느껴질 수 있거든요. 사실은 '나'라는 개인이 엄청난 존재인데도 그런 사실을 망각한 채 살아갑니다.

스스로 소중한 존재임을 자각하고, 열심히 살아가고 있는 자신을 격려하며, 누구보다 자신을 사랑할 수 있어야 합니다. 이런 마음가짐이 개인의 고귀한 가치를 발현할 수 있는 씨앗이 되는 겁니다.

피곤해도 할 수 있습니다. 바빠도 할 수 있습니다. 잘 몰라도 할 수 있습니다. 조급한 마음 버리고 10년을 내다보면, 나를 더 사랑할 수 있습니다.

어텐션

뭐야 이거? 되잖아!

자신감이란 '할 수 있다'는 마음가짐입니다. 스스로에 대한 믿음 또는 확신이라 할 수 있습니다. 자신감이야말로 성과를 극대화할 수 있는 요소입니다. 할 수 있다고 생각하고 도전하는 일과 할 수 없다고 생각하고 도전하는 일의 결과는 보지 않아도 뻔히 알 수 있겠지요.

자신감은 어디에서 비롯될까요? 네, 맞습니다. 철저하게 경험으로부터 나옵니다. 성공한 경험은 자신감을 불러일으킵니다. 실패한 경험도 마찬가지입니다. 한 번이라도 그 일을 해본 사람은 한 번도 해보지 않은 사람에 비해 당연히 자신감 가질 수 있겠지요.

반가운 소식이 있습니다. '미래 경험'도 자신감 상승에 충분한 효과가 있다는 사실입니다. 미래 경험이란 무엇일까요? 자신이 이루고자 하는 목표를 이미 달성한 것처럼 상상하는 것이죠. 자신의 미래가 이러할 것이라고 기대하면 기대한 만큼의 미래가 펼쳐진다고 합니다. 목표를 달성했을 때의 기분을 느끼며 감사한 마음으로 살아가면, 그 기분이 자신감으로 연결된다는 뜻입니다.

저는 매일 글을 씁니다. 10년 넘었습니다. 그런데도 아직, 글을 쓸 때마다 두렵고 막막합니다. 이를 극복하기 위해 하루를 시작할 때마다 자신감을 주문합니다. 할 수 있다는 생각으로 글을 쓰고, 해낼 수 있다는 마음으로 하루를 시작합니다. 덕분에 매일 달라질 수 있었습니다. 자신감 가지는 방법에 대해 정리해봅니다.

첫째, 내가 살아온 인생에 '이야기'가 있다는 사실을 믿습니다. 하루살이도 책 쓸 수 있습니다. "살아왔다"라는 말은 "경험했다"라는 뜻입니다. 경험은 곧 '이야기'입니다. 따라서, 우리는 모두 이야기를 품고 있으며, 그 이야기를 어떻게 풀어내는가에 따라 인생 의미와 가치가 달라질 뿐입니다. 글을 쓰고자 한다면, 내 안에 쓸거리가 차고 넘친다는 확고한 믿음을 가지고 시작해야 합니다.

둘째, 누구도 내 삶에 대해 책임지지 않는다는 사실을 받아들여야 합니다. 자신감이라는 말은 항상 눈치라는 단어와 맞붙습니다. 글을 쓰고 싶은데도 다른 사람들이 내 글을 보고 뭐라고 할까 두려운 마음에 망설이게 되는 것이죠. 이런 마음으로는 한 줄도 쓸 수 없습니다. 세상 사람들의 글 보는 시각이 천만 가지도 넘을 텐데, 그 많은 사람

입맛을 어찌 다 맞추겠습니까. 내가 쓰고 싶은 글을, 누군가에게 필요한 내용으로 정리하면 됩니다. 내 글은 내가 쓰고, 그 책임도 내가 집니다. 눈치 볼 필요 전혀 없습니다.

셋째, 글 쓰는 행위가 세상을 부정하거나 타인을 비방하기 위함이 아니란 사실을 자각합니다. 글쓰기는 좋은 일입니다. 내가 살아온 인생 경험과 지식을 동원하여 다른 사람 인생에 도움을 주는 행위지요. 털 끝만큼이라도 '나쁜' 의미 없습니다. 쓰는 사람이 고개를 숙여야 할 아무런 이유가 없는 것이죠. 좋은 일 하는 사람이 당당하지 못하니까 칼 들고 설치는 놈들이 나대는 겁니다.

넷째, 어찌 됐든 매일 글을 써야 합니다. 자신감은 경험에서 비롯된다고 했습니다. 많이 써봐야 잘 쓸 수 있지요. 경험치를 쌓아야 레벨이 올라갑니다. 수많은 이들이 실제로 쓰지는 않으면서 머리로 고민만 합니다. 글은 손으로 씁니다. 오늘 쓰는 글이 전부가 아니지요. 오늘이 내 마지막 글을 쓰는 날이라면 부담스러울 수도 있겠지만, 내일 또 쓸 것이기 때문에 얼마든지 자유롭게 당당하게 쓸 수가 있습니다.

다섯째, 남들 평가에 연연할 필요 없습니다. 세상에는 글을 탁월하게 잘 쓰는 사람 별로 없고요. 또, 탁월하게 잘 쓰는 사람이 있다고 치더라도 그 사람은 내 글에 별 관심 없을 겁니다. 고만고만한 사람들끼리 쓰고 읽는 것이죠. 이렇게 생각하면 마음이 좀 가벼워집니다. 대부분 초보 작가가 자신의 글은 형편없고 남의 글은 대단한 것처럼 생각하거든요. 우리는 모두 같은 세상을 비슷한 처지에서 살아가고 있습니다. 서로 돕는다는 마음으로 쓰면, 자신감이 조금은 더 생길 겁니다.

군에 입대할 때는 자신감이 뚝 떨어집니다. 신병 교육 한 달이 지나면 자신감이 조금 생깁니다. 자대 배치받고 6개월쯤 지나면 여유가 생깁니다. 상병이 되면 군복에서 멋이 납니다. 병장이 되면 휘파람도 나옵니다. 두렵고 막막한 심정은 부딪치는 순간 무너지기 시작하고, 계속하는 동안 만만해지며, 끝장내는 순간 사라집니다.

글을 쓰기 전에는 막막하고 두렵습니다. 일단 시작하면 또 쓰게 됩니다. 쓰다 보면 채워지고, 채워지면 끝낼 수 있겠다 싶습니다. 그렇게 한 편씩 끝내다 보면 책도 출간하는 거지요.

세상 모든 일이 마찬가지입니다. 일단 시작해야 합니다. 그런 다음, 누가 뭐라고 하든 매일 반복합니다. 하나씩 결실 맺고 매듭지어 성과를 내다보면 맨 처음 가졌던 두려움과 불안이 싹 사라졌음을 알게 됩니다. 특별한 이야기가 아닙니다. 우리는 모두 지금까지 이렇게 살아왔습니다.

오늘도 글을 쓸 겁니다. 어제까지 쓰지 않았던 전혀 새로운 글을

어텐션

쓰게 될 겁니다. 여전히 불안하고 초조합니다. 백지 앞에 서면 항상 겸손해집니다. 그래서 오늘, 저한테는 자신감이 필요합니다. 위에서 말한 다섯 가지 내용을 저 자신에게 적용합니다. 심장이 쿵쾅거립니다. 쓰기 시작하고, 계속 쓰고, 끝장을 내겠습니다. 글을 써보고 알았습니다. 제가 글을 쓸 수 있다는 사실을요. 강의를 해 보고서야 알았습니다. 제가 강의를 할 수 있다는 사실을 말입니다. '나'에게 주목하고, '내가 할 수 있는 일'에 주목하고, '나의 도전과 모험'에 주목하면, '나'란 존재가 무한한 가능성과 잠재력을 지니고 있다는 사실을 알게 됩니다. 최고의 삶이죠. 어텐션!

삶의 법칙은 존재한다

저는 지금 행복합니다. 예전에도 행복한 적 있었지만, 그때는 행복하면서도 불안했었거든요. 하지만 지금은 온전히 행복합니다. 매일 좋은 일만 생기냐고요? 그렇지 않습니다. 기분 나쁜 일도 있고, 속상한 사건도 터집니다. 그럼에도 온전히 행복하다고 표현한 것은, 그런 모든 일이 생길 수 있다는 사실을 받아들이기 때문입니다.

시련과 고통의 시간을 보내던 시절에는 그 괴로움이 언젠가 끝날 거란 사실에 대해 생각할 겨를도 없었습니다. 그저 내 인생 이제 더 볼 것도 없다 싶은 생각에 술만 퍼마셨지요. 만약 그때 제가 "삶은 달라진다"라는 사실을 알았더라면 그토록 형편없는 하루하루를 보내지는 않았을 겁니다.

인생은 반드시 달라집니다. 법칙입니다. 좋은 일이 있으면 나쁜

어텐션

일도 있게 마련이고, 나쁜 일의 끝에는 좋은 일이 일어나는 법이지요. 그럼에도 많은 이들이 영원히 좋은 줄로만 알고 살고, 영원히 힘들 것처럼 아파합니다.

제가 온전히 행복하다고 말하는 이유는 좋은 일만 일어나서가 아닙니다. 앞으로 제게 닥칠 모든 일들을 "좋다, 나쁘다"로 규정하지 않기 때문입니다. 어떤 일이 일어나든 그 일은 일어날 일이지요. 일어나지 않을 일이라면 일어나지 않았을 겁니다. 어차피 일어날 일이 일어난 거라면, 그 상황을 기꺼이 받아들이는 것이 현명한 처세입니다.

사람의 감정은 꼬리를 무는 습성이 있습니다. 좋다고 생각하면 들뜨고 흥분합니다. 나쁘다고 생각하면 우울하고 불안합니다. 이렇게 감정에 빠지게 되면 현실을 직시할 수 없습니다. 인생을 망치는 가장 큰 이유가 바로 회피지요.

문제가 생기면 똑바로 마주해야 합니다. 그래야 실마리를 찾을 수 있습니다. 대부분 사람은 문제가 생기면 의식적으로 피하려고 합니다. 저도 그랬습니다. 누군가 대신 문제를 해결해주거나 그 문제가 사라지기만을 바랐지요. 감정에 빠지지 않아야 명확히 볼 수 있습니다. 명확히 마주할 수 있어야 승부를 낼 수 있고요.

무심하게 쓴 글을 좋아합니다. 좋다고 방방 뛰는 글을 읽으면, '이 사람 조만간 실망하겠구나' 싶습니다. 우울하고 슬프다는 글을 읽으면, '이 사람은 스스로 좌절과 절망을 만들어내고 있구나' 생각이 듭니다. 눈이 내리는 것은, 그저 눈이 내릴 뿐입니다. 좋은 일도 아니고 나쁜 일도 아닙니다. 눈이 내리는 모습을 그저 지켜볼 수 있는 마음과 태도. 이것이 바로 삶을 초연하게 대하는 태도입니다.

일기를 한 번 써보세요. 기쁘다, 슬프다, 힘들다, 아프다 따위 감정 표현을 최대한 절제하고, 그저 있는 그대로 적어보는 겁니다. 덤덤하게 적어도 그 속에 모든 감정을 다 녹여낼 수 있습니다.

표현하지 않는다고 해서 감정이 사라지는 건 아닙니다. 하지만, 사실 그대로 글을 쓰는 습관을 들이면 감정에 휘둘리는 일은 줄일 수 있습니다. 나 자신을 객관적으로 바라보는 힘도 글을 무심하게 쓰는 습관을 통해 키울 수 있습니다.

온갖 미사여구를 섞어 쓴 글을 '초등학생이 화장 떡칠한 것 같다'라고 표현합니다. 어색하고 이상합니다. 평소 친구와 대화할 때 단 한 번도 쓰지 않는 단어를 글을 쓸 때마다 사용하는 사람도 많습니다. 글을 글처럼 쓰고 있다는 증거입니다.

'너무너무 힘들었다'라는 표현을 읽으면, 실은 하나도 힘든 것 같지 않게 느껴집니다. '머리에 땀이 흘러 간질간질했고, 손에는 힘이 들어가지 않아 부들거리고, 다리가 풀려 어디 앉을 곳이 없나 두리번거렸다'라고 쓰는 것이 훨씬 힘들게 느껴집니다.

팩트 위주로 글을 쓰면 있는 그대로 삶을 받아들이는 습관이 생깁니다. 좋다, 나쁘다 구분하고 분리하고 평가하는 습성에서 벗어나

'모든 삶'을 인정하게 되는 것이죠. 마음이 편안해집니다. 이런 걸 두고 치유라고 부르기도 하지요.

혹시 지금 힘든 상황을 겪고 있는 사람 있다면, 인생은 반드시 달라진다는 법칙을 기억하시길 바랍니다. 지금의 고난은 두 가지를 암시합니다.

첫째는, 자신과 비슷한 상황을 겪는 이들을 도우라는 신호이고요. 둘째는, 벽을 넘어 성장하고 강해지라는 신호입니다. 꽃길만 걷다가는 약해질 수밖에 없겠지요.

담금질이 끝나면 더 강해집니다. 강해지고 나면, 자신이 겪은 모든 시련과 고통은 '자랑거리'가 됩니다. 힘들다고 말하는 다른 이들에게 용기와 희망을 주면서 살 수 있게 되는 것이지요.

다시 말씀드립니다. 인생, 반드시 달라집니다. 지금의 고난에는 의미와 가치가 있습니다. 힘들다는 감정에만 빠져 있지 말고, 이 또한 경험이라는 생각으로 부딪치길 바랍니다. '나'를 막을 수 있는 것은 아무것도 없습니다.

신은 실수를 하지 않습니다. '나'는 완벽한 존재로 만들어졌다는 사실을 잊지 말았으면 좋겠습니다. 인생을 바라보는 눈이 달라지고 '나'에 대한 인식이 바뀔 수 있었던 것은, 모두가 "어텐션" 덕분입니다. 관심 가지고 주목하니까 눈에 들어오기 시작했고, 그래서 직시할 수 있었습니다. 뭔가 더 좋은 쪽으로 바꾸기 위해서는 무엇이 문제인지 먼저 제대로 알아야 합니다. 직시할 수 있는 용기! 그래서 "어텐션"이 더욱 필요한 겁니다. 삶의 법칙을 알아차리기 위해서죠.

생각할수록 강해진다

생각은 에너지입니다. 힘입니다. 사용하면 할수록 강해집니다. 생각 자체도 강해지고, 그 생각이 현실로 나타나는 힘도 강해집니다. 끌어당김의 법칙, 유인력의 법칙, 시크릿 등이 전하는 내용도 모두 같은 맥락입니다. 반듯한 생각을 제대로 많이 하는 사람은 자신이 원하는 인생을 만들 수 있습니다. 반면, 삐딱하고 모난 생각을 많이 하는 사람은 아무리 열심히 노력해도 삶이 꼬일 수밖에 없습니다.

'나는 글을 잘 쓰는 사람이다!'라고 생각하면서 글을 써야 합니다. 대부분 초보 작가는 '내 글솜씨는 형편 없어!'라고 생각하며 글을 씁니다. 실제로 글 자체의 수준은 어떨까요? 잘 쓴다고 생각하고 쓴 글이나 못 쓴다고 생각하며 쓴 글이나 거의 비슷할 겁니다. 하지만, 중요한 차이점이 있지요. 잘 쓴다고 생각하면서 쓰는 사람은 쓰는 동안 행복하고요. 못 쓴다고 생각하면서 쓰는 사람은 쓰는 내내 불행합니다.

생각은 힘을 가지고 있다 했습니다. 생각할수록 강해진다고도 했지요. 잘 쓴다는 생각을 반복할수록 잘 쓴다는 생각이 강해집니다. 잘 쓰는 사람의 생각과 말과 행동이 점점 강해질 테고요. 결국은 실제로 잘 쓰는 사람이 될 겁니다.

못 쓴다는 생각을 거듭할수록 못 쓴다는 생각이 강해집니다. 자괴감이 강해집니다. 못 쓰는 사람의 생각과 말과 행동이 갈수록 더 강해질 겁니다. 아무리 써도 글이 잘 늘지 않으며, 심지어 글쓰기를 포기하는 일까지 벌어지게 됩니다.

누군가를 시기하고 질투하는 마음을 계속 갖고 있으면 어떤 일이 벌어질까요? 질투와 시샘이 점점 강해질 겁니다. 나중에는 분노와 증오로 변형됩니다. 처음에는 한 가지만 미웠는데, 나중에는 그 사람 꼴도 보기 싫어집니다. 처음에는 한 사람만 미웠는데, 나중에서 이 사람 저 사람 자기 입맛에 안 맞으면 전부 다 미워하게 됩니다. 인생 자체가 삐뚤어지고 맙니다.

자격지심과 피해의식도 마찬가지입니다. 스스로 미흡하다는 생각을 반복하면, 계속 미흡한 수준에 머무를 수밖에 없습니다. 자신을 타인의 말과 행동에 따른 피해자라는 생각을 반복하면, 평생 억울하고 분한 마음으로 살아가게 됩니다. 자신에게 일어나는 모든 일을 누군가의 탓으로만 여기는 것이죠. 스스로 노력하고 개선할 의지는 갖지 않고, 불평과 불만만 터트리며 살아가는 꼴입니다.

이와는 반대로, 항상 누군가를 위하는 마음이나 자신의 인생이 멋지게 흘러가고 있다는 생각을 반복하는 사람들은 성공할 수밖에 없습니다. 물질적인 성공은 물론이고, 마음의 평온과 행복까지도 누릴 수 있겠지요. 생각은 반복할수록 강해진다 했으니, 선하고 긍정적인 생각을 반복하면 당연히 마음도 강해질 것이고 또한 아름답고 행복한 일들도 현실에 더 많이 생겨날 겁니다.

이렇게 막강한 생각의 능력을 제대로 활용하기 위해서는 어떻게 해야 할까요? 생각도 습관이기 때문에 오랜 시간 굳어진 사고방식을 바꾸기 위해서는 상당한 시간과 노력이 필요합니다. 하지만, 그 시간과 노력의 결실이 지닌 가치를 생각하면 기꺼이 투자할 필요가 충분합니다.

첫째, 자신의 생각에 관심을 가져야 합니다. 내가 지금 무슨 생각을 하고 있는가? 현재 나의 기분은 어떠한가? 수시로 확인하는 과정을 거쳐 자신의 생각이나 감정이 어떠한지 확인해야 합니다.

둘째, 조금이라도 부정적이거나 삐딱한 생각을 하고 있다면 즉시 전환해야 합니다. 의식적으로 좋은 생각을 해도 좋고, 아니면 기분이 좋아지는 사진이나 영상을 보는 것도 도움 됩니다. 중요한 것은, 생각을 즉시 바꿔야 한다는 점입니다.

셋째, 매일 아침 눈을 뜰 때 웃어야 하고 매일 밤 잠자리에 들 때 웃어야 합니다. 부정적인 생각은 털끝만큼도 용납하지 않겠다는 확고한 결의가 필요합니다. 이렇게 해도 종종 어두운 생각이 스물스물 올라올 겁니다. 그러니, 처음부터 단호하게 결단을 내리고 시작하는 것이 좋습니다.

넷째, 생각 습관을 바꾸는 데에는 오랜 시간이 걸릴 수 있다는 사실을 인정하고 받아들여야 합니다. 긍정적인 생각이 부정적인 생각으로 바뀌는 건 순식간입니다. 그러나, 부정적인 생각을 긍정적인 생각으로 바꾸는 건 어렵고 힘들고 오래 걸립니다. 좋은 사람이 미워지는 건 순식간이지만, 싫은 사람을 좋아하기는 어렵고 힘들지요.

다섯째, 생각 습관이 내 삶을 통째로 바꿀 수 있다는 사실을 믿어야 합니다. 확고한 믿음과 신념이야말로 생각의 가장 큰 위력이 됩니다. 신앙 가진 사람은 인생 그 자체가 신앙이지요. 믿음은 그만큼 강력한 겁니다. 생각이 중요하다는 믿음, 생각 습관이 나를 바꿀 수 있다는 믿음, 좋은 생각만 반복해야 한다는 믿음이 진실로 더 나은 인생을 만들어줍니다.

생각할수록 강해집니다. 좋은 생각을 많이 할수록 좋은 생각이 강해지고, 나쁜 생각을 많이 할수록 나쁜 생각이 강해집니다. 강해진 생각은 고스란히 현실로 내 앞에 나타납니다. 누구도 피할 수 없고, 예외 상황도 없습니다.

나쁜 생각이란, 누군가를 해치겠다는 의도 따위만 일컫는 것이 아닙니다. 반찬투정부터 시기, 질투, 증오, 원망 등 모든 부정적 감정이 모두 나쁜 생각에 해당됩니다. 섬짓할 정도로 확실한 인생 진리입니다. 생각에 신경 많이 써야 하고, 수시로 내 생각을 챙겨야 합니다.

좋은 생각이란 무엇일까요? 즐겁고 유쾌하고 기분 좋은 생각이면 무엇이든 해당됩니다. 웃으면 복이 온다는 말도 같은 맥락이지요. 의도적으로 좋은 생각 많이 해야 합니다. 사는 게 얼마나 힘이 듭니까. 생각하는 것 정도는 인생에 비하면 아무것도 아니잖아요. 오늘부터, 지금부터 무조건 좋은 생각만 하겠다 딱 결심을 하기 바랍니다.

예전에는 나쁜 생각만 하면서 살았습니다. 지옥 같은 경험 하고 난 후부터 좋은 생각만 하려고 노력했습니다. 이제 절반쯤 달라진 것 같습니다. 생각의 절반을 바꾸고 지금 삶을 만났으니, 나머지 절반 바꾸고 나면 과연 어떤 인생 만날지, 심장이 두근거립니다.

나는 멋진 삶에 주목한다

내 인생 최고의 단어, 의도와 사색

하루아침에 오는 성공은 없습니다. 이미 성공한 사람을 보면, 마치 엄청난 행운과 기적이 그의 삶을 관통한 것처럼 보입니다. 많은 이들이 그의 삶을 동경하지요. 무슨 비법이 있을까? 어떻게 해야 나도 저 행운을 만날 수 있을까? 간절한 마음으로 그의 책도 읽고 강연도 듣습니다. 전부 소용없는 짓입니다.

지난 10년 동안 성공학에 관한 책도 읽고 공부도 했습니다. 내가 성공하지 못하는 한이 있어도, 죽기 전에 성공 비법은 꼭 찾고 싶다는 마음으로 파헤치다시피 집중했습니다. 그 결과, 이제는 누가 무슨 말을 해도 성공은 결코 단시간에 이루어지는 기적이나 행운이 아니라고 단언할 수 있게 되었습니다.

단 한 사람도 하루아침에 성공하지 않았습니다. 사람들은 그가 이루어낸 결과만을 보기 때문에, 그 뒤에 감추어진 각고의 노력과 피와 땀을 제대로 알지 못합니다. 대학에서 근사하게 연설하는 조앤 롤링은 부러워하지만, 분유값이 없을 정도로 가난했던 조앤 롤링의 삶을 따라하고 싶어하지는 않습니다. R=VD의 이지성 작가를 동경하는 사람은 많지만, 빗물이 새는 판자촌 옥탑방에서 10년 동안 책 읽으며 살아보라고 하면 진저리를 칩니다. 토니 라빈스처럼 세계적인 동기부여 강연가가 되고 싶다는 사람은 많지만, 바퀴벌레가 기어다니는 좁은 집에서 싱크대조차 없어 욕조에다 설거지를 하는 삶은 생각조차 하기 싫어합니다.

그들의 성공은 '반짝'도 아니고 '번쩍'도 아닙니다. 오랜 시간 반복과 누적이 지금을 만든 것이지요. 꾸준함이 없으면 어떤 분야에서도 성공할 수 없습니다. 매일 사과 한 쪽을 먹으면 의사를 멀리할 수 있다는 말을 들어본 적 있을 겁니다. 하루에 사과를 백 개 털어넣는다고 해서 같은 결과를 만날 수 있을까요? 건강은커녕 아마 배탈이 나서 병원 신세를 져야 할 겁니다.

빨리 성공하고 싶고 빨리 결과를 확인하고 싶은 마음이야 누구나 마찬가지일 테지요. 저도 그랬습니다. 어떻게든 당장 삶이 바뀌기만을 학수고대했습니다. 하지만, 조급할수록 서두를수록 일은 점점 꼬여가기만 했습니다.

모든 것을 내려놓고 하루하루 반복하고 또 반복하고서야 비로소 그럴듯한 삶을 만날 수 있었습니다. 이것이 바로 제가 죽기 전까지 꼭 찾고 싶었던 성공의 비밀이었지요. 그러나 여기에는 반드시 명심해야 할 전제 조건이 있습니다. 무조건 반복만 한다고 해서 성장하거나 성공할 수 있는 것은 아닙니다. 하루를 대하는 태도를 제대로 갖춰야 합니다. 제 인생 최고의 단어, "의도와 사색"을 소개합니다.

의도
무엇을 하고자 하는 생각이나 계획, 또는 무엇을 하려고 꾀함

네이버 어학사전

사람들은 의도보다는 습관이라는 말을 더 좋아하는 듯합니다. 무슨 일이든 '저절로' 되기를 바라는 것이죠. 아침에 일찍 일어나는 것도 좀 쉽게 저절로 되면 좋겠고, 책 읽고 글 쓰는 것도 좀 편안하게 저절로 되면 좋겠다고 생각합니다.

습관이 되기 위해서는 상당한 시간의 반복을 먼저 해야만 합니다. 권위 있는 학자들이 21일 습관, 60일 습관 따위의 말을 마구 퍼트리는 바람에 습관 만들기를 아주 쉽고 만만하게 여기는 풍조가 생겨버렸지요. 저는 10년 동안 매일 글을 쓰고 있는데요. 아직도 글쓰기가 쉽고 만만하지 않습니다. 저는 습관으로 글을 쓰는 게 아닙니다.

아침에 눈을 뜨면 가장 먼저 글을 쓰겠다고 다짐합니다. 밤에 잠자리에 들 때면, 오늘은 어떤 글을 썼으며 내일은 어떤 글을 써야겠다 중얼거립니다. 다른 어떤 일보다 글쓰기를 우선순위에 두어야 한

다고 스스로에게 강조합니다.

그냥 하는 다짐이나 각오 정도가 아니라, 실행하지 않는 상황을 결코 용납하지 않겠다는 필사의 결단인 것이죠. 힘들고 지치고 피곤한 날 있습니다. 다 때려치우고 싶을 만큼 감정적으로 괴로운 날도 많습니다. 하지만, 어떤 상황이나 사건이나 사람도 제가 글을 쓰는 것을 방해할 수 없습니다. 제가 쓰겠다고 '의도했기' 때문입니다.

사색
어떤 것에 대하여 깊이 생각하고 이치를 따짐

네이버 어학사전

혼자 있는 시간을 가져야 합니다. 느긋하고 편안한 시간도 좋지만, 혼자 있을 때 치열할 줄도 알아야 합니다. 지금을 살아가는 사람들에게 가장 부족한 것은 생각하는 힘이라고 감히 말씀드리고 싶습니다. 인터넷과 스마트폰의 영향이 가장 크다고 할 수 있겠지요. 가만히 앉아서 모든 정보를 주입받을 수 있으니 골치 아프게 생각할 필요를 느끼지 못하는 겁니다.

사색 없는 반복은 무의미합니다. 사색 없는 노력은 단순한 노동에 불과합니다. 앞으로 나아가려면 당연히 어제보다 나아야 하겠지요. 사색 없이 어떻게 달라질 수 있겠습니까? 오늘 무엇을 했는가? 그래서 무엇을 배웠는가? 내일은 어떻게 달라질 것인가? 매일 사색하고 또 사색해야 합니다.

사색하지 않으면 두 가지 치명적인 악습을 갖게 됩니다. 첫째, 자꾸만 다른 사람과 비교하는 것이죠. 어제의 나와 비교해야 하는데, 다른 인생과 비교하니까 위축되거나 자만하게 됩니다. 둘째, 시간이 흐를수록 자기 방식만 고집하게 됩니다. 사람은 한 번 익숙해진 일을 바꾸는 걸 대단히 꺼려하는 성향이 있지요. 안전지대를 벗어나기 위해서는 반드시 사색을 해야 합니다.

과거의 저와 비교하자면, 저는 지금 엄청난 성공을 누리고 있는 셈입니다. 불과 3년 전의 제 모습만 돌이켜봐도 오늘의 삶이 기적처럼 느껴질 정도입니다. 이렇게 달라지고 보니까, 너무 좋습니다. 설레고 행복합니다. 마음에 여유가 생기니까 주변 사람도 보이기 시작합니다. 세상이, 인생이, 그럴듯하게 느껴지기도 합니다.

다른 사람들도 성장하고 변화할 수 있도록 돕기로 했습니다. 모두가 함께 근사한 테이블에 앉아 멋진 풍경을 보면서 인생에 대해 이야기하고, 자신의 경험을 나누고, 서로에게 깨달음을 주는…. 생각만해도 멋진 인생입니다.

더 나은 삶을 위한 인생 공식

지금도 잘하고 있고, 점점 더 좋아진다! 이 말을 매일 되뇌이고 있습니다. "지금도 잘하고 있다"는 말을 분석하거나 증명하거나 검증하기 위해 애쓰지 않습니다. 말이 먼저이기 때문입니다. 잘하고 있다고 계속 말하면 잘할 수밖에 없습니다.

"점점 더 좋아진다"는 말은 확장입니다. 인간 본질입니다. 태어나 죽을 때까지 우리는 확장합니다. 더 커지고, 더 넓어지고, 더 많이 알고, 더 많이 나눕니다. 그렇게 살아야 합니다. 그것이 우리 존재의 가치입니다.

확장은 곧 성장과 발전이라는 뜻이지요. 우리가 하는 모든 생각과 말과 행동이 성장과 발전이라는 키워드와 맞물리기만 한다면 아무런 걱정이나 근심 없이 잘 살아갈 수 있을 거라 확신합니다.

성장하기 위해서는 어떻게 해야 할까요? 네, 맞습니다. 배워야 합니다. 많이, 그리고 제대로 배울수록 성장하고 발전할 수 있습니다. 배움에 끝이 없다는 말도 이런 맥락에서 나왔을 테지요. 배우기 위해서는 어떻게 해야 할까요? 드디어 이 글의 핵심 메시지가 나왔습니다. 다시 질문해봅시다. 배우기 위해서는 어떻게 해야 할까요?

유치원부터 시작해서 초등학교 중학교 등 학교에 가서 배웠습니다. 그게 전부일까요? 아닙니다. 아버지와 어머니를 비롯해 주변 사람들로부터 배웠습니다. 그런데 가만히 삶을 돌이켜보면, 학창 시절에 배운 것과 주변 사람들을 통해서 배운 것보다 인생에 더 큰 도움이 된 배움이 있었다는 사실을 알 수 있습니다. 배우기 위해서는, 실패해야 합니다!

실패하면 배울 수 있습니다. 그러니까 실패는 아파하고 힘들어하고 좌절하고 절망할 일이 아니라, 무엇을 배웠는가 짚어 보아야 하는 단계인 것이죠. 실패가 배움이 되는 순간 더 이상 실패가 아닙니다. 성장에 꼭 필요한 핵심 요소일 뿐입니다.

그렇다면 실패하기 위해서는 어떻게 해야 할까요? 당연하죠. 도전해야 합니다. 많은 성장을 하기 위해서는 많이 배워야 하고, 많이 배우기 위해서는 많은 실패를 해야 하며, 많은 실패를 하기 위해서는 많은 도전을 해야 합니다.

도전 — 사색 — 배움 — 성장 →

　더 나은 삶을 위한 인생 공식입니다. 누구도 반론을 제기할 수 없는 법칙이지요. 생각보다 단순한가요? 맞습니다. 바로 이 단순한 공식을 실천하지 못해서 많은 사람이 평범하거나 실패한 인생을 살아가는 겁니다.

　생각보다 어렵다고요? 그 말도 맞습니다. 쉬운 일에 도전할 필요는 없겠지요. 쉬운 일에서 실패할 리 없고, 쉬운 일에서는 배울 게 없습니다. 어렵고 힘든 일에 도전하고 실패해야 배울 수 있고 성장할 수 있습니다.

　절대 공식을 바라보면서 이런저런 꼬투리를 잡고 싶다면, 방법은 간단합니다. 그냥 이 공식을 무시하면 됩니다. 혹시 다른 성장 방법이 있다면 그렇게 하십시오. 적어도 제가 알기론, 이 공식 말고 더 나은 삶을 살아갈 수 있는 방법은 없습니다.

　오늘 도전합니다. 실패할 수도 있겠지요. 뭔가 배우게 될 겁니다. 그리고 저는, 또 성장할 테지요. 멋진 인생입니다.

우리는 모두 잘 사는 법을 알고 있다

온 가족 모여 앉아 저녁을 먹습니다. 낮에는 동료가 제 흉을 봤다는 기분 나쁜 이야기를 전해 들었고요. 가족과 함께 밥을 먹는 시간에 집중하는 것이 더 가치 있을까요? 아니면, 낮에 있었던 기분 나빴던 일을 곱씹으며 계속 신경 쓰는 것이 더 가치 있을까요?

인생을 잘 사는 비결은 가치 있는 일에 집중하고 가치 없는 일을 무시하는 겁니다. 이렇게 살면 행복할 수밖에 없습니다. 더 중요한 사실은, 어떤 일이든 가치를 부여하는 힘이 오롯이 내 손에 달려 있다는 것이죠.

운전하다가 접촉 사고가 났습니다. 어떤 사람은 종일 그 사고에 대해 말하면서 온 신경을 곤두세웁니다. 반면, 또 다른 사람은 자신에게 중요한 다른 일을 하느라 오늘 접촉 사고가 났다는 사실조차 잊고 살아갑니다. 사고는 사고일 뿐 그 이상도 이하도 아니지요. 내가 그 사고에 의미와 가치를 부여하면 '접촉 사고'는 '대형사고'가 됩니다. 내가 그 사고를 무시하면 '접촉 사고'는 사라집니다.

우리에겐 의미와 가치를 부여하는 막강한 힘이 있습니다. 친구의 험담에 가치를 두면 불쾌한 기분에서 벗어날 수 없지요. 친구의 험담을 무시하면 얼마든지 유쾌한 하루를 보낼 수 있습니다. 실패만 곱씹고 살면 좌절과 절망에 빠져 허우적거립니다. 실패를 경험으로 간주하고 더 큰 인생에 가치를 부여하면 금세 다시 일어나 앞으로 나아갈 수 있습니다.

내게 일어나는 모든 사건은 그 자체만으로는 아무 의미가 없습니다. 내가 어떤 의미와 가치를 부여하느냐에 따라 사건은 커지기도 하고 작아지기도 하지요. 비가 내립니다. 비는 아무 의미가 없습니다. 그냥 비가 내리는 것뿐이지요. 외롭다, 쓸쓸하다, 운치 있다, 분위기 좋다, 커피를 마시고 싶다, 빗소리 듣기 좋다, 누군가 그립다…. 이 모든 생각들은 비 때문이 아니라 내가 비에 부여한 의미 때문에 비롯된 겁니다.

누구 때문에 속상하다가 아니라 그 누구한테 내가 의미를 두는 거지요. 이번 일 망쳐서 속상하다가 아니라 망친 일에다가 내가 가치를 부여하는 겁니다. 이별해서 슬프다? 상대방도 나만큼 괴로울까요? 내가 이별을 슬프게 해석할 뿐이겠지요.

지나칠 정도로 냉정한 것 아니냐고요? 글쎄요. 괴롭고 힘든 의미를 부여하는 것보다는 차라리 냉정하게 마음 다잡는 편이 훨씬 낫지 않을까요?

　잘 사는 비결은 가치 있는 것에 집중하는 겁니다. 그리고 가치와 의미는 모두 내가 부여하기 나름이고요. 이제 우리는 멋진 인생을 위한 방법이 오롯이 내 손에 달렸다는 사실을 알게 되었습니다. 어떤 일이든 내게 유리한 쪽으로 해석하고 그래서 한 걸음 더 나아갈 수 있도록 좋은 기분과 평정심을 유지합니다. 마음이 여유로우면 두려울 일이 없지요. 당당해질수록 삶은 더 멋지게 바뀝니다. 돈이 많아야 당당할 수 있는 게 아니라 당당하게 살아야 돈이 들어오는 겁니다.

chapter 2

기분에
주목하라

푸념하러 온 게 아니다

"이놈의 세상! 술이나 먹자!"

입에 달고 살았습니다. 한숨과 눈물. 끝도 없었지요. 아는 사람 만나면 반가운 척 술 먹자 했고, 혼자 있을 때도 술병 끼고 살았습니다. 나름대로 열심히 살았다고 생각했는데, 무너지는 건 한순간이었지요. 바로 옆에서 산사태가 일어나는 것처럼, 제 삶은 그렇게 박살나고 말았습니다.

개인의 지난 시간(역사)을 공부하는 것은 의미가 있습니다. 지금과 내일, 같은 실수를 반복하지 말아야 합니다. 비슷한 위기에 처하더라도 과거 경험을 바탕으로 현명한 판단과 선택을 내릴 수 있겠지요.

그 시절의 저는 대체 무엇 때문에 그리도 어이없이 무너졌을까요? 어떻게 사람이 한순간에 그렇게 처참하게 망가질 수 있었을까요? 사람들은 저한테 다 지난 이야기라며 지금 행복하니 됐다고 말하지만, 저는 지금까지 단 한 순간도 그때를 잊은 적 없습니다. 저한테는 더 없는 인생 공부이고, 미래를 위한 준비이기도 하기 때문입니다.

첫째, 아무것도 하지 않았습니다.

인도 속담에 이런 말이 있습니다. "폭풍우를 만나면 절실하게 기도하라. 대신, 반드시 계속 노를 저어라." 뒤통수 후려치는 속담입니다. 저는 노를 젓기는커녕 아예 노를 손에서 놓아버렸거든요. 아무것도 하지 않고 매일 술만 마셨습니다. 인생 최대 위기를 맞았는데 아무것도 하지 않다니. 지금 생각해 보면 아주 망조가 들려고 작정했던 게 아닌가 싶습니다. 힘들고 어려운 시기에 처하면, 무슨 일이라도 해야 합니다. 매일 해야 합니다. 더 치열하게 해야 합니다. 당장 그 순간의 고통을 피할 수 없다 하더라도, 그래도 매일 뭔가 계속해야 합니다. 살아내야만 살 수 있습니다. 루틴을 정하고, 천지가 개벽해도 그 일을 매일 한다는 생각으로 이겨내야 합니다.

둘째, 핑계와 변명이 많았습니다.

사업 실패 때문에, 빚 때문에, 건강 때문에, 체력 때문에, 상황 때문에, 환경 때문에, 조건 때문에, 사람 때문에, 사건 때문에, 이런 나의 처지 때문에. 입만 떼면 "~때문에"라는 말을 뱉으며 살았습니다. 그 말은 제 인생에 아무런 도움이 되지 않았습니다. 남은 인생에서는 어떤 경우에도 핑계와 변명을 대지 않으려 합니다. 핑계와 변명은 스스로 노예임을 자처하는 행위입니다. '세상과 그들'이 내 삶을 좌우하게 두는 것이지요. 질질 끌려다니는 인생을 살아갈 수밖에 없는 태도입니다. 내 책임입니다. 내가 책임집니다. 내가 잘못했고, 내가 실수했고, 그래서 내가 다시 수습하고, 내가 다시 만들고, 내가 다시 일어서는 겁니다. 모든 것이 내 손에 달려 있다고 믿을 때, 비로소 삶의 주인이 될 수 있습니다.

셋째, 의미 없는 눈물을 많이 흘렸다.

감성적인 눈물이나 슬픔의 눈물은 얼마든지 흘려도 됩니다. 하지만, 약해빠진 정신 상태에서 비롯되는 동정을 유발하는 눈물은 한 방울도 흘려서는 안 됩니다. 신세 한탄, 하소연, 푸념, 자기 비관…. 이런 눈물은 눈물이 아니라 독극물입니다. 자신을 망치는 것은 물론, 그 눈물을 지켜보는 사람들 인생까지 우울하게 만듭니다. 잘못했으면 바로잡으면 됩니다. 실수했으면 실수를 인정하고 고치면 됩니다. 죄를 지었으면 죗값을 치르면 됩니다. 망했으면, 현실을 인정하고 다시 재기하면 됩니다. 이 모든 과정 어디를 봐도 눈물을 흘릴 단계는 없습니다. 우는 것도 사치이고 시간 낭비입니다. 질질 짜면서 남들로부터 동정 구하는 모습이 얼마나 치욕적이고 엉망인지 똑똑히 깨달아야 합니다.

넷째, 분노를 제대로 써먹지 못했다.

분노가 단순한 화이기만 한 경우, 그것은 아무짝에도 쓸모가 없습니다. 분노는 에너지입니다. 그 에너지를 오기와 독기로 바꾸어야만의미와 가치가 생기기 시작합니다. 세상을 향한 분노! 사람들을 향한 분노! 그것들을 모두 한데 모아 내 인생 다시 일으켜 세우는 데 썼더라면, 어쩌면 그렇게까지 처참하게 망가지지는 않았을지도 모릅니다. 부정적인 감정을 '내 삶을 위해서' 사용하지 못했고, 그저 비난하고 불평하는 데에만 쏟아부었습니다. 망하는 게 당연한 결과였지요.

다섯째, 현실을 회피했습니다.

좋아질 거야, 나아질 거야, 내일은 달라질 거야, 좋은 소식 있을거야, 어떻게든 원래 모습으로 돌아가게 될 거야…. 대책 없는 낙관!이것이 저를 점점 더 시궁창으로 몰았지요. 사태가 벌어지면 현상을직시할 줄 알아야 합니다. 그렇게 하면, 더 큰 사고와 실패를 막을 수있습니다. 저는 그러지 못했습니다. 현실을 똑바로 보지 못해서, 제가 얼마만큼 망가지고 있는가를 몰랐지요. 주변 사람 다 알고 세상이다 아는데 저만 몰랐습니다. 어리석고 못난 인생이었지요. 냉철해야합니다. 용기를 내야 합니다. 그래야 막을 수 있습니다. 피하고 돌아가고 괜한 기대 품고 살면, 결국은 몽땅 잃고 나락으로 떨어질 수밖에 없습니다. 제 경험이 누군가에게 절실한 메시지가 되길 바랍니다.

힘든 일이 생길 수도 있습니다. 어려운 고비를 만날 수도 있습니다. 살다 보면 별일 다 생기게 마련이지요. 욕도 나오고 원망도 하게 되고 분통도 터집니다. 그러나 어떤 상황이 펼쳐지든 그날 해야 할 일은 반드시 해야 합니다. 할 일 하면서 욕도 해야지요. 그래야 욕에도 정당성이 생깁니다. 우리는 푸념하기 위해 이 땅에 온 게 아닙니다. 못마땅하고 불만족스러운 일이 매일 수시로 일어나지만, 그럼에도 극복하고 이겨내고 확장하며 나아가는 것이 바람직한 인생 아니겠습니까. 불평과 불만, 푸념과 하소연 늘어놓는 것은 자신과 타인에게 아무런 도움도 되지 않는 행위입니다.

한 옥타브 올려야 한다

일을 많이 하면 피곤하고 지칩니다. 그런데, 정신노동자의 경우에는 조금 다릅니다. 경험을 돌이켜보면 알 수 있습니다. 종일 열심히 일한 날도 피로하겠지만, 일이 제대로 풀리지 않아 걱정만 한 날에 더 지치고 힘들었던 경험 말이죠. 일 자체가 피로의 원인이라면, 일이 잘 풀리지 않아 아무것도 하지 않은 날에는 지치지 않아야 말이 됩니다. 하지만 우리는 오히려 일을 많이 한 날보다 걱정과 염려로 스트레스 받은 날에 피곤함을 더 많이 느끼게 됩니다.

입만 뗐다 하면 불평과 불만을 쏟아붓는 사람 있다고 칩시다. 그런 사람과 3킬로미터를 산책한다고 가정하면 글쎄요, 저는 자신 없습니다. 반면, 늘 밝고 유쾌하게 웃으며 행복한 이야기만 하는 사랑스러운 연인과 함께라면 10킬로미터를 걸어도 하나도 힘들지 않을 것 같습니다. 물리적인 거리는 훨씬 길어도 '기분이 좋기 때문에' 피곤하지 않은 것이죠.

인생은 생각하는 대로 된다는 말 많이 들어봤을 겁니다. 저도 처음에는 이 말대로 살아보려고 노력했습니다. 잘되지 않았습니다. 매 순간 어떤 생각을 해야 한다는 것이 오히려 강박으로 자리 잡아 저 자신을 더 괴롭혔습니다.

그러다가 어느 책에서 생각이 아니라 기분에 초점을 맞춰야 한다는 얘기를 읽게 되었습니다. 나의 기분이 어떠한가 관심 가지는 것은 생각 자체에 집중하는 것보다 한결 수월했습니다. 기분의 종류는 뻔한 거였죠. 좋다, 나쁘다, 그저 그렇다. 기분을 좋게 유지하는 것이 인생에 큰 도움이 된다는 말을 믿고, 계속 좋은 기분을 유지하기 위해 관심과 정성을 쏟았습니다. 운전하다가 옆에서 확 끼어들면 순간적으로 예민해집니다. 그럴 때마다 내 기분을 망치면 안 된다는 중얼거림으로 심호흡하곤 했습니다. 속상한 일이 생겼을 적에도 "좋은 기분!"이라는 네 글자 만트라 덕분에 웃을 수 있었고요. 가만히 있을 때조차 과거 부정적인 생각이 마구 떠오르는데요. 그런 순간에도 내 기분을 좋게 만들기 위해 다른 좋은 생각을 자연스럽게 하게 되었습니다.

기분이 좋은 상태가 꽤 오래 유지되니까 인생에 기적이 일어났습니다.

어텐션

첫째, 걱정 근심에 사로잡혀 마음 괴롭히는 일이 사라졌습니다. 어차피 걱정해봐야 아무 소용없다는 사실을 마흔 중반에서야 깨닫게 된 것이죠.

둘째, 타인을 바라보는 관점이 달라졌습니다. 예전에는 받은 만큼 돌려준다는 심보로 살았거든요. 누가 나한테 욕을 하면 몇 배로 욕설을 돌려주어야 하고, 누가 나를 공격하면 나도 똑같이 그를 못살게 굴어야만 분이 풀렸습니다. 하지만, 그 모든 것이 엄청난 에너지 낭비이며 나 자신을 위해 아무런 도움도 되지 않는다는 사실을 알게 되었습니다. 그 후로 세상은 원래부터 내 마음 같지 않은 곳이라는 사실을 받아들이기 시작했습니다. 좋은 기분은 마음을 편안하게 해주었습니다.

셋째, 좋은 기분은 어떤 일이 일어나든 나 자신을 행복하게 만들어주었습니다. 사실 우리가 힘든 것은 대부분 과거와 미래에 대한 생각 때문이거든요. 지금에 집중할 수 있다면 대부분 근심이나 불안에서 벗어날 수 있습니다. 좋은 기분을 유지하다 보면 자연스럽게 지금에 몰입하게 됩니다. 지금 이 순간의 기분이 가장 중요하다는 말입니다.

좋은 기분을 가져야 하는 가장 큰 이유는, 좋지 않은 기분이 우리에게 가져다주는 이익이 아무것도 없기 때문입니다. 불편한 감정과 부정적인 생각이 우리 인생에 털끝만큼이라도 이롭다면 하지 말아야 할 이유가 없겠지요. 그러나 현실은 냉혹합니다. 조금이라도 삐딱한 생각은 인생에 일도 도움 되지 않습니다.

간혹, 비판적인 사고를 해야 한다고 말하는 사람이 있는데요. 모든 것을 있는 그대로 받아들이는 것보다는 비판적 사고를 통해 변화와 혁신을 꾀하는 것이 마땅합니다. 그러나 여기에는 중요한 문제가 한 가지 있습니다. 건전한 비판과 악의적 비판을 구분하지 못하는 사람이 허다하다는 사실이지요.

건전한 비판이란, 더 나은 세상과 인생을 위한다는 목표 의식이 뚜렷한 주장과 의견을 뜻하는 말입니다. 반면, 악의적 비판은 비판 자체를 목적으로 합니다. 정치판을 떠올리면 쉽게 이해할 수 있습니다. 잘한 건 잘했다고 하고 못한 건 수정/보완해야 한다고 지적하는 것이 건전한 비판이지요. 잘해도 욕하고 못해도 욕하면 그게 무슨 건전한 비판입니까? 그냥 험담일 뿐입니다.

이렇게 정리를 해 보니, 역시 어떤 경우에도 기분을 더럽힐 이유가 없다는 결론에 이릅니다. 더 나은 나를 만들고, 더 나은 인생을 꿈꾸고, 더 나은 세상을 만들어가는 데 있어 불편하고 부정적인 감정이나 기분을 느낄 필요가 전혀 없다는 점 기억해야겠지요.

그렇다면, 좋은 기분을 계속 유지하기 위해서는 무엇을 어떻게 해야 할까요? 어렵지 않습니다. 딱 두 가지만 하면 됩니다. 첫째, 지

어텐션

금 내 기분이 어떤가 수시로 챙겨 보는 관심이 중요합니다. 둘째, 기분이 별로일 때 당장 웃을 수 있는 사진이나 이야기 하나쯤 준비하는 게 좋습니다.

무슨 생각을 하고 있는가 떠올리기 위해서는 또 생각이란 걸 해야 하지만, 어떤 기분인가 하는 질문에는 금세 대답할 수 있습니다. 자신의 기분을 알아차리는 게 무엇보다 중요하고, 그런 다음에는 그저 웃기만 하면 충분합니다. 이 단순한 행위를 통해 인생을 바꿀 수 있다는데 한 번 해볼 만하지 않겠습니까. 지금 기분 어떻습니까? 자기 기분에 관심을 가지고, 늘 웃기 위해 노력하다 보면 삶은 좋아질 수밖에 없습니다. 생각, 말, 행동 등 무엇을 하든 한 옥타브 올려야 합니다. 텐션을 높이고 유쾌하고 밝은 에너지를 뿜어내도록 애쓰면 나와 주변 사람 모두의 삶이 좋아질 겁니다.

침묵의 힘

어느 명절에 있었던 일입니다. 서울에서 사촌 동생이 내려왔습니다. 아내와 조카 모두 함께 왔네요. 일 년에 두 번, 명절에만 얼굴을 봅니다. 반갑고 기쁩니다. 서로 안부를 묻고, 살아가는 이야기를 나눕니다. 아버지와 어머니 좋아하시는 모습을 보면 흐뭇합니다.

거실에 둘러앉아 이런저런 이야기를 나누다 보니, 문득 그런 생각이 듭니다. 누군가와 마주앉아 대화를 나눌 때는 내 안으로 파고들 만한 시간은 가질 수가 없구나. 상대가 한 마디를 하면, 나도 한 마디를 합니다. 이렇게 대화가 이어집니다.

사람과 사람이 만나면 서로에게 집중하게 됩니다. 상대방의 말에 귀를 기울이고, 나도 내 이야기를 하지요. 어떤 주제가 정해질 때도 있고, 그저 다양한 이야기를 나오는 대로 하게 될 때도 있습니다. 의미 있고 가치 있는 시간입니다만, 자신을 들여다보기는 힘듭니다.

어텐션

예전에는 저도 수다 떠는 것을 좋아했습니다. 요즘도 사람들 만나면 말을 많이 하는 편이죠. 그러나 반드시 혼자 있는 시간을 가지려고 노력합니다. 글을 쓰고 책을 읽는 시간이 그것인데요. 혼자 있는 시간에는 저절로 침묵을 유지하게 됩니다. 저는 이 침묵이 참 좋습니다.

침묵에도 단계가 있습니다. 가장 먼저 일어나는 현상은, 생각이 자꾸만 밖으로 뻗어가는 것입니다. 낮에 만났던 사람들, 그들의 이야기, 눈에 보이는 것들, 귀에 들리는 소리 등 외부 세계에 대한 생각을 주로 하게 되지요.

두 번째로는 답답함을 느끼는 단계에 이릅니다. 말을 하고 싶습니다. 표현하고 싶지요. 뭐가 됐든 내 안에 있는 것들을 끄집어내려고 애쓰게 됩니다. 혼자 있는 시간을 견디지 못하는 사람들은 대부분 이 단계에서 포기합니다. 심심하다고 말하기도 하고, 지루하다고 표현하기도 합니다.

세 번째는, 혼자서 할 수 있는 무엇이라도 하는 단계입니다. 음악을 들을 수도 있고 글을 쓸 수도 있습니다. 책을 읽을 때도 있고 낮잠을 자기도 합니다. 무료함을 달래기 위해서일 수도 있고, 그 일이 좋기 때문일 수도 있습니다.

네 번째 단계에 이르면 비로소 생각이란 걸 하게 됩니다. 잡다한 생각이 아니라 자기 안으로 가라앉는 것이죠. 이 단계는 크게 두 가지로 나뉘는데요. 무엇을 하면서 살아야 할까? 어떤 일을 해야 하는 것일까? 직업이나 일, 관계 등에 집중하는 얕은 생각 단계가 먼저 일어납니다. 그 다음에는, 어떤 사람으로 살아갈까 하는 좀 더 깊은 생각을 하게 됩니다.

사람마다 조금씩 다르긴 하겠지만, 침묵의 끝에서는 결국 자신과 삶에 대한 생각과 마주하게 됩니다. 누가 시킨 것도 아니고, 반드시 해야만 하는 일도 아니지만, 침묵을 오래 유지하다 보면 누구나 '자신과 만나게' 되는 것이죠.

작가와 강연가가 되겠다는 생각으로 시작했다면 지금에 이를 수 없었을 겁니다. 다른 사람한테 조금이라도 도움이 되는 글을 쓰고, 그렇게 글을 쓰는 제 삶을 타인과 나누겠다고 시작한 일입니다. '무엇을 어떻게 할 것인가'보다는 '어떤 태도로 살 것인가'를 더 중요하게 여겼던 것이죠.

다행인지 불행인지, 저는 감옥이라는 참혹한 곳에 가서야 침묵을 배우고 실천할 수 있었습니다. 그곳에서는 수다를 떨 수가 없으니 어쩔 도리가 없었지요. 돌이켜보면, 그 시절의 침묵이야말로 저 자신에 대해 깊은 생각을 할 수 있었던 가장 큰 기회였던 것 같습니다.

소통의 세상입니다. 소통은 중요합니다. 허나, 다른 사람과의 대화와 소통에만 몰입하다 보면 자칫 자신을 잃을 위험도 있습니다. 자기 삶은 엉망이면서 남 가르치려 드는 인간이 많은 것도 이런 이유 때문이겠지요.

다른 사람의 인생을 지적하기 전에 자기 삶부터 바로 세워야 한다는 사실은 세 살 먹은 애도 아는 내용입니다. 그럼에도 많은 사람들이 자신보다는 남을 두고 이러쿵저러쿵 말들이 많지요. 그러다가 자기 기준에 맞지 않는 사람들의 말이나 행동을 탓하면서 화를 내거나 속상해 합니다.

이런 것들은 모두 에너지 낭비입니다. 다른 사람 때문에 속상해했던 모든 에너지를 싹 다 모아서 자기 계발에 활용했더라면 어떻게되었을까요? 아마 우리 모두는 지금보다 훨씬 더 성장했을 겁니다.

글을 쓸 때도 마찬가지입니다. 독자를 향해 이래라 저래라 가르치는 글만 쓰려고 하지 말고, 화살표를 자신에게 돌려 성찰하는 글을 쓰는 것이 작가 본인과 독자 모두에게 더 도움될 겁니다.

저는 작가와 강연가로 살아가고 있습니다. 타인에게 도움을 주겠다는 생각으로 시작한 일인데, 때로 겸손하지 못한 글을 쓰기도 하고, 제가 옳다고 믿는 내용에 대해 무리할 정도로 강요한 적도 많습니다. 독자와 청중 모두를 만족시킬 수는 없겠지만, 그래도 제 삶이 조금씩 반듯해지는 게 낫겠지요.

침묵하는 시간을 더 많이 가지려 합니다. 입은 다물고 결과물은 많이 내는, 그래서 '말로 설명하기'보다 '삶으로 보여주는' 작가와 강연가가 되려 합니다.

소란스러운 세상입니다. 잠시도 조용할 날이 없습니다. 이런 세상에서 중심 잡고 살아갈 수 있는 최선의 방법은 침묵입니다. 입을 다물면, 세상이 보입니다.

지속 성장의 힘

진정한 성장은 변화에 지속성이 결부되었을 때에만 가능합니다. 순간적인 성취는 누구나 할 수 있습니다. 한 달에 천만 원을 번다거나 책 한 권을 내는 것은 마음만 먹으면 해낼 수 있는 일이죠. 중요한 것은, 매달 천만 원을 버는 것이고, 꾸준하게 출간하는 겁니다.

SNS나 오픈채팅방에 올라오는 수많은 광고를 자세히 들여다보면, 단 한 번의 '월천'으로 마치 평생 월 수익 천만 원을 벌 수 있는 것처럼 선전하는 사람 많습니다. 책 한두 권 출간해놓고 '글 쓰는 삶'을 이야기하는 사람도 많습니다.

실제로 이뤄낸 성과는 한두 개에 불과하면서, 마치 인생 전체를 바꿀 수 있다는 듯 광고하는 사람들을 보면 한심하고 답답합니다. 거짓말로 사업하는 것이죠. 그런 사람 결코 오래 가지 못합니다. 그런 사람들한테 현혹되어서도 안 됩니다.

제가 운영하는 [자이언트 북 컨설팅]은 지금까지 8년 동안 단 한 번의 꺾임도 없이 지속 성장을 이어가고 있습니다. 경제 위기, 사회 분위기, 정책, 물가 등의 변화에도 전혀 흔들림 없이 고속 성장을 이뤄냈습니다. 저는 이 책을 통해 그 비결을 독자 여러분과 나누려 합니다. 단순한 글이나 책 정도로 여기는 사람은 가져갈 것이 없을 테지만, 신중하게 읽고 받아들이는 사람은 틀림없이 인생이 바뀔 거라고 확신합니다. 물론, 시간과 노력이 필요한 일입니다. 당연하지요. 그 어떤 성취도 시간과 노력 없이 이룰 수 없습니다. 이러한 태도를 수긍하는 것이 무한 성장 및 지속 성장의 출발점입니다.

저는 지금까지 일곱 권의 종이책 개인 저서를 출간했습니다. 전자책도 네 권 냈고요. 총 열한 권의 책을 세상에 내놓은 셈이죠. 이렇게 말하면, 사람들은 '베스트셀러'를 묻습니다. 얼마나 많이 팔렸는가 그것이 궁금한 거죠. 사람의 심리가 비슷하니까 충분히 이해합니다. 그런 호기심이 잘못된 건 아니니까요.
솔직하게 말씀드립니다. 제가 출간한 책 중에 베스트셀러는 없습니다. 단 한 권도 10만 부 이상 팔린 적 없습니다. 10만 부라고 쓰니까 괜히 손이 부끄러워질 지경입니다. 그런 숫자는 저와는 무관한 것 같습니다. 과장 광고를 하는 사람들 보면, 책을 내면 마치 인생을 역전하고 돈도 많이 벌고 베스트셀러 작가도 되는 것처럼 말하는데요. 그런 사람들의 말이 맞다면, 저는 아마 바보이거나 무능한 사람 정

어텐션

도가 될 테지요.

베스트셀러를 한 권도 만들지 못한 제가 지난 7년 동안 지속 성장을 할 수 있었던 이유! 여러분의 인생을 확실하게 달라지도록 만들 성장과 변화의 시크릿! 그 비밀은 제가 출간한 책에 있는 게 아니라 매일 글을 쓰는 과정에 있습니다.

제 주변 사람들은 대부분 알고 있습니다. 제가 10년이 넘도록 매일 글을 쓰고 있다는 사실을 말이죠. 세상은 제가 출간한 책으로 저를 평가하기도 하지만, 매일 글을 쓰는 저의 태도로 저를 판가름하기도 합니다. 아니, 어쩌면 제가 만들어낸 '결과'보다 제가 어떤 삶을 살아가고 있는지 모든 일상의 '과정'이 판단의 핵심이 될 겁니다. 베스트셀러를 쓴 적 있는가 여부도 중요하겠지만, 그보다는 하루도 빠짐없이 10년째 글을 쓰고 있는 '반복되는 일상' 덕분에 저는 높은 점수를 받았습니다. 세상은 이를 '신뢰'라고 부릅니다.

반짝 운동해서 프로필 사진 한 장 찍고는 다시 올챙이배로 돌아오는 사람과 10년 이상 꾸준히 운동하면서 건강 관리하는 사람. 누구의 삶이 바람직한지 금방 알 수 있습니다. 중간고사 시험 한 번을 위해 하루 이틀 밤새는 학생과 평소 늘 책을 들고 다니며 꾸준히 공부하는 학생. 누구의 성과가 좋을지 두 번 생각할 필요도 없겠지요. 갑자기 책을 읽겠다며 몰아서 두세 권 읽고는 일 년 내내 다시는 책을 읽지 않는 사람과 평소 조금씩이라도 매일 독서하는 사람. 누가 더 깊이 있는 삶을 살아가게 될지는 뻔하고 또 뻔한 일입니다.

2016년 1월 4일, 블로그를 시작했습니다. 아무것도 모른 채 그저 매일 글만 써서 포스팅 발행했습니다. 찾아오는 사람도 드물었고, 블로그 의미도 잘 몰랐습니다. 하지만, 이왕 시작했으니 그냥 계속하자는 마음으로 지금까지 이어왔습니다. 포기한 적 없습니다. 그만두지 않았습니다. 좋든 싫든 하루에 한 편 이상 글을 써서 올리고 있습니다. 7년 넘었습니다. 저는 하루에 200~300명 정도의 사람이 방문하는 '작은' 블로그로 [자이언트 북 컨설팅]이라는 제국을 건설했습니다.

지난 7년 동안 셀 수 없이 많은 사람들이 블로그를 시작했고 또 사라졌습니다. 시작할 땐 마치 지구를 구할 것처럼 큰소리 뻥뻥 칩니다. 사라질 땐 소리 소문 없습니다. 돈이 된다, 사업 성공에 밑거름이다, 시장 형성에 도움이 된다, 성공할 수 있다, 부자 될 수 있다…. 이런 말에 팔랑거리며 블로그를 시작했다가 생각한 만큼 성과가 빨리 나오지 않으니까 포기해버리는 것이죠.

성장은, 변화에 지속성이 더해져야만 가능한 일입니다. 시간과 노력이 있어야만 성공할 수 있다는 법칙에 예외는 없습니다. 힘들지요. 어렵습니다. 바로 이런 힘들고 어렵다는 사람들의 심리를 이용한 것이 "빠르고 쉽게!"라는 광고입니다. 이 얼마나 뻔하고 어리석은 행태

어텐션

입니까! 쉽게 눈속임을 할 수 있는 사람들을 고객 또는 소비자로 부르는 세상을 만들어서는 안 됩니다. 국민이 정치에 관심을 갖지 않으면 악랄한 정치인의 지배를 받게 된다고 하지요. 고객이나 소비자가 정신을 똑바로 차리지 않으면 누군가의 돈벌이 도구로 전락하고 말 겁니다.

'쉽고 빠른 길'에 대한 집착을 내려놓으면 좋겠습니다. 묵묵히 한 걸음씩, 천천히 가도 얼마든지 다 이룰 수 있습니다. 저는 파워블로거 아니라도 제가 원하는 1인기업 다 이뤄냈고, 철저한 슬로리딩을 실천하면서도 누구보다 탄탄한 성공을 만들어냈습니다. 저보다 빨리 간다고 좋아했던 사람들, 지금 전부 제 뒤에 있습니다. 보이지도 않습니다. 때로 그들이 또 어떤 획기적인 도구를 들고 저를 앞질러 간다고 해도 하나도 두렵지 않습니다. 결국은 제가 이길 것이고, 어떤 위기가 와도 저는 무너지지 않을 자신 있으니까요. 이 모든 자신감과 당당함은 '매일 조금씩 반복하는 과정'에서 비롯되었습니다.

주변에 엄청난 속도로 성공하고 돈 많이 버는 사람들 보면 마음 조급하지요? 그럴 필요 없습니다. 제가 조금 다른 인생을 경험하지 않았습니까. 평범하게 살아도 봤고, 큰 성공도 해 보았고, 박살나서 파산하고 감옥에도 가보았습니다. 이러한 제 경험을 바탕으로 분명히 말씀드리는데, 인생에서 속도는 아무짝에도 소용없는 단어입니다.

지금 우리가 일상에서 행하는 모든 일은 '시작과 반복'에서 비롯된 겁니다. 화장실 가서 옷 내리고 볼일 보는 것조차 반복 또 반복해서 능숙해진 일이죠. 숟가락으로 밥 떠먹는 것도 마찬가지고, 드라이기로 머리 말리는 일도 똑같습니다. 무엇 하나 반복 없이 이뤄낸 것이 하나도 없는데, 우리는 여전히 반복을 귀찮은 시간 낭비로 여기고 있으니 답답한 노릇이지요.

마음을 편안하게 가지면 좋겠습니다. 급하게 서두르고 빨리 가려는 사람들의 공통점은 불안하고 초조하다는 사실입니다. 안절부절 빨리 가는 것보다는 편안하고 행복하게 천천히 가는 것이 훨씬 낫지 않겠습니까. 마음이 불편한데 성공하면 뭐 합니까.

오늘 무엇을 할 것인가? 내일은 무엇을 할 것인가? 매일 무엇을 하며 살아갈 것인가? 그 '무엇'이란 게 바로 나의 정체성이 될 겁니다. 작가가 되고 싶다면 매일 글을 쓰는 것이죠. 나의 정체성을 '글 쓰는 사람'으로 만들면, 세상은 알아서 나를 인정해줍니다. 아니, 세상의 인정 따위 필요조차 없습니다. 쓰는 삶을 즐기게 될 테니까요.

삶을 결정하는 시간, 5분

미래 성공을 위해 오늘을 희생하는 것이 바람직하지 않다는 사실은 이미 잘 알고 있을 겁니다. 그럼에도 성공에는 시간이 걸리기 때문에, 어쩔 수 없이 일정 기간 이상 노력하지 않을 수 없는데요. 그 노력이 힘들고 고통스럽기 때문에 많은 사람들이 포기하고 좌절하기도 합니다. 오늘 노력하고 내일 성공할 수 있다면 아마 세상 대부분 사람이 성공을 만끽할 수 있었을 겁니다. 안타까운 점은, 아무리 노력을 해도 그 성공을 맛보기가 참 어렵다는 현실이지요.

성공한다, 성공하지 못한다. 이 두 가지만 있어도 견딜 만할 겁니다. 문제는 실패도 있다는 겁니다. 그러니까 우리는, 저 멀리 있는 성공을 위해 오늘과 지금 열심히 살면서도 평범과 실패를 되풀이해야 하는 아쉬움에 젖을 수밖에 없습니다. 다르게 생각할 수는 없을까요? 더 좋은 방법은 없을까요?

오늘 목표는 무엇입니까?

이 질문에 당황하는 이들이 적지 않을 겁니다. 생각해본 사람이 거의 없을 테니까요. 다들 목표는 저 멀리 높이 두게 마련이거든요. 성공의 개념은 무엇인가요? 목표를 달성하는 겁니다. 그렇다면, 오늘 목표를 세우고 그것을 달성하기만 하면 오늘 성공할 수 있다는 결론에 이를 수 있습니다.

오늘 목표가 한 편의 글을 쓰는 것이라면, 저는 오늘 목표를 달성할 수 있습니다. 오늘 목표가 30분 이상 운동하는 거라면 저는 오늘 성공할 수 있습니다. 오늘 목표를 세우고 그것을 달성하면서 하루하루를 살면 매일 성공을 경험할 수 있습니다.

책을 출간하고 작가가 되겠다는 목표를 세웠다고 칩시다. 2023년 12월 31일까지 달성하겠다고 노트에 적었습니다. 이제 역으로 계산합니다. 9월말까지 출판사와 계약, 8월말까지 탈고, 6월말까지 초고 완성. 오늘이 5월 어느 날이라면 충분히 달성 가능합니다.

문제는 지금부터입니다. 많은 사람들이 위와 같은 목표를 세우고 끝내는데요. 중요한 것은, 오늘부터 6월말까지 초고를 완성한다는 계획을 세분화하는 작업입니다. 40일 남았으니까, 무조건 하루 한 꼭지 써야 합니다. 내일부터가 아니라 오늘부터죠. 밤 8시가 넘었지만, 그런 핑계는 이제 통하지 않습니다. 목표를 세웠으니까요.

오늘 달성해야 할 목표는 한 꼭지를 집필하는 겁니다. 선택해야

어텐션

합니다. 오늘, 성공할 것인가, 아니면 시작부터 실패할 것인가. 오늘 어떻게든 한 꼭지를 쓰면 성공할 수 있습니다. 12월말까지 책을 내든 말든 그건 지금 생각할 게 아닙니다. 큰 목표를 세운 후에 세부 계획을 세웠으면, 당장 집중해야 할 것은 세부 계획뿐입니다.

다른 모든 일이 마찬가지입니다. 큰 목표를 세우고 작은 전략을 촘촘하게 짜야 합니다. 그런 다음, 오늘 목표를 정합니다. 경주마처럼, 오직 오늘 목표만을 향해 달리는 것이죠. 다시 말씀드리지만, 이렇게 하면 매일 성공할 수 있습니다. 매일 도전하고 매일 성공하는 습관! 바로 이것이 인생 성공을 만드는 가장 기본이면서 동시에 중요한 요소입니다. 오늘의 성공이 누적되면 인생도 당연히 성공할 수밖에 없겠지요. 더 대단한 것은, 오늘 도전하고 성공하는 습관이 누적되면서 삶을 대하는 태도까지 확 달라진다는 사실입니다. 안일한 마음과 패배자의 정신이 부서지고 그 자리에 열정과 도전의식과 성취감이 채워집니다.

① 매일 목표를 세우고
② 매일 성공하면
③ 마인드 자체가 달라지고
④ 마인드가 달라지면 태도가 달라지고
⑤ 태도가 달라지면 행복과 성공과 돈이 모두 따라옵니다.

사람들이 목표를 저 멀리 높은 곳에 두는 이유는, 당장 치열하게 뭘 하지 않아도 된다는 안일한 마음 때문입니다. 목표 세우고 술 마시러 가고, 계획과 전략 치밀하게 짜고는 벌러덩 누워 스마트폰 봅니다. 목표와 계획을 세웠을 뿐인데 마치 뭔가 대단한 일을 한 것처럼 착각하는 것이죠. 실제로 이루어지는 것은 아무것도 없는데 말입니다.

삶을 결정하는 시간은 5분입니다. 지금부터 5분간 무엇을 하는가에 따라 인생이 정해집니다. 저도 과거에 '청운의 푸른 꿈' 많이 세워봤습니다. 연말마다 다이어리 구입해서 빼곡하게 적어보기도 했고, 새우잠 자면서 고래꿈 꾸기도 해봤고, 꿈과 희망 품고 열심히 살아보기도 했습니다. 어느 하나 흡족한 결과 만들지 못했습니다.

큰 실패 겪은 후에, 이건 아니다 싶어서 싹 다 바꾸었습니다. 미래? 꿈? 목표? 계획? 그 모든 것의 비중을 10퍼센트 미만으로 낮추고, 오늘과 지금에 몰입하기로 했지요. 지금도 누가 꿈이 뭐냐고 물으면 마땅히 대답할 게 없습니다. 그냥 내일도 오늘처럼 살아갈 거라는 말 외에는 할 말이 없지요. 내일도 오늘처럼 살려면, 오늘 모든 것을 걸어야 합니다. 그래야 내일도 치열하게 살 테고 인생도 점점 좋아질 테니까요.

인생 목표를 세웁니다. 올해 목표도 세우고, 이번 달 목표도 세우고, 오늘 목표도 정합니다. 그런 다음에는 아무것도 생각지 말고, 오직 오늘 목표를 달성하기 위해 최선을 다하기만 하면 됩니다. 오늘 넘기지 마세요. 잘못하면 인생 통째로 넘어갑니다.

어텐션

중심 잡고 살아가기

식사를 할 때마다 아버지께서는 입버릇처럼 말씀하십니다. 밖에 나가서 친구들이나 주변 지인들을 통해 듣고 오는 이야기들입니다. 고혈압에는 마늘이 좋다더라, 양파를 먹으면 몸속에 독소가 빠진다더라, 호박이 붓기 빠지는 데 좋다더라, 천연소금이 당뇨를 줄여준다더라….

그러면 아내는 아버지께서 말씀하신 음식들을 따로 장만해서 다음 날부터 밥상에 올리곤 합니다. 정성들여 준비했음에도 불구하고 한두 번 드시고는 더 이상 찾지 않으십니다. 나이가 드시니까 건강에 신경이 많이 쓰이시나 봅니다. 밖에서 비슷한 나이의 지인들이 이것저것 주워들은 이야기들을 마구 쏟아내니까 아무래도 귀가 솔깃하신 거겠지요.

흔히 이런 증상을 두고 '팔랑귀'라고 합니다. 특히, 나이와 관련

된 질병들, 고혈압, 당뇨, 치매예방, 혈액순환 등에 대한 음식이나 약에 대해서는 더 예민한 것 같습니다. 물론 그런 음식들이 실제로 건강에 좋기도 하겠지요. 그러나 더 중요한 사실은, 아버지께서 건강에 대해 자신이 없고 불안하니까 이 얘기 저 얘기가 다 그럴듯하게 들린다는 겁니다.

한때 계란 노른자위가 콜레스테롤을 다량으로 함유하고 있어서 건강에 매우 좋지 않다는 소문이 돌았습니다. 온 집안 식구가 계란 노른자위를 따로 떼어 버리고 흰자위만 먹었습니다. 그러나 몇 년 후에 사실은 그렇지 않다는 내용의 기사가 언론에 보도되었고, 우리 식구들은 멋쩍게 계란 노른자위를 다시 먹기 시작했습니다. AI의 발병 소식이 들리면 그 좋아하던 치킨을 딱 끊었다가 한 달만 지나면 아무 일 없었다는 듯 다시 먹습니다. 미세먼지가 많다는 뉴스에 마스크를 샀다가 이틀 만에 마스크가 더 답답하다며 팽개치고 다닙니다.

언론을 통해, 혹은 주변 사람들의 이야기를 통해 주요한 정보를 얻고 생활에 적용하는 것은 그리 나쁜 일은 아니겠지요. 그러나 문제는 이러한 "카더라" 통신에는 부정적인 요소들이 지나치게 많다는 사실입니다. 검정색 잉크 한 방울이 맑은 물에 훨씬 더 잘 번지듯이, 사람은 부정적인 분위기의 말들에 훨씬 더 빨리 현혹됩니다.

정보의 홍수 시대입니다. 눈만 뜨면 온갖 정보가 물밀듯이 들이닥치는 세상이지요. 이럴 때일수록 자신만의 중심을 잡고 살아야 합니다. 옆에서 누가 뭐라고 해도 나만의 가치관, 나만의 중심을 잡고 살아가면 흔들림이 없습니다.

건강을 위해서는 몸에 좋은 음식을 먹는 것도 중요하지만, 그보다는 하루 세 끼 규칙적으로 식사를 하고 꾸준하게 운동을 하며 소식하는 것이 기본이겠지요. 반찬을 이것저것 골고루 먹는 것이 마늘 백 쪽 먹는 것보다 훨씬 건강에 이로울 겁니다. 이렇듯 자신만의 원칙을 갖되 정보를 취사선택하고 적절하게 비판하며 수용할 수 있을 때 후회가 적은 삶을 살아갈 수 있을 겁니다.

너무 많은 정보를 한꺼번에 수용하려 하면 사람은 점점 더 불안해질 수밖에 없습니다. 이것도 해야 할 것 같고, 저것도 먹어야 할 것 같고, 하지 않으면 나만 뒤처지는 듯합니다. 불안하고 초조한 일상을 지치도록 계속 보내게 됩니다. 딱 중심을 잡고, 나의 선택에 책임을 지겠다는 결심을 가지고 살면 마음이 훨씬 평온해집니다.

요즘은 정상적인 삶을 사는 것이 가장 지혜롭게 사는 거라고 합니다. 정상적인 삶이란 무엇일까요? 다른 사람들이 말하고 행동하는 대로 살아가는 것이 진정 정상적인 삶일까요? 내 앞에 닥친 불운한 현실들을 바라보며 왜 나만 이렇게 모진 삶을 살아야 하느냐고 땅을 치며 통곡을 한 때가 있었습니다. 그러나 이제는 잘 알고 있습니다. 정상적인 삶이란, 아무런 문제가 없는 평온한 상태를 일컫는 말이 아니라는 사실을 말이지요. 조금 부족하고, 조금 아쉽고, 때로는 아프고, 견디기 힘들고, 고통스럽고, 후회가 되고, 누군가 그립고, 분통이 터지기도 하고, 앞길이 막막하기도 하고, 한숨만 나오기도 하고, 그러다가 소주 한 잔에 씩 웃기도 하고…. 이것이 바로 지극히 정상적인 삶입니다. 우리는 모두 이렇게 살아갑니다.

다른 사람들 말에 흔들릴 필요 없습니다. 언론에서 떠들어대는 '이슈'에 이리저리 쏠려 다닐 필요도 없습니다. 필요한 정보는 가려가며 얻고, 나만의 철학과 가치관을 분명히 세워서 누가 뭐래도 내 인생임을 떳떳하게 말할 수 있어야 합니다. 세상이 정한 기준, 사회가 만들어 놓은 잣대에 스스로를 얽어매지 말았으면 좋겠습니다. 6·25라는 전쟁을 겪은 후부터 반공 이데올로기가 주창되어 모 아니면 도라는 식의 사고방식이 만연했던 탓이지요. 학교 시험지에는 답이 하나뿐이고, 머리와 치마 길이도 나라가 통제를 해야 하며, 귀가 시간도 통금할 정도였으니 오죽했겠습니까. 이런 모든 것이 그 시절에는 당연하게 여겨졌습니다. 사회적 잣대, 세상의 기준에 우리를 맞춰 살았기 때문입니다.

과거 그 어느 때보다 자신을 지켜야 할 시대입니다. 올림픽이 열리고, 세계평화를 운운하고, 우주개발이 한창인 시대임은 분명하지만, 이럴 때일수록 정작 중요한 '나 자신'을 잃어버린다면 무슨 소용이 있겠습니까! 책 읽고 글 쓰며 생각 깊게 해야 합니다. 나의 존재가 세상의 중심이 되고, 온 세상이 나를 중심으로 돌아갈 수 있을 때 비

어텐션

로소 나도 세상에 한 줌 보탬이 될 수 있는 거겠지요. 다시 한 번 강조하지만, 주변 사람들의 사사로운 말에 귀를 기울이지 말았으면 좋겠습니다. 다만, 그런 생각을 할 수도 있겠구나 정도로 유연한 사고를 가지는 것으로 충분하겠지요.

지금, 그 일을 하라

2022년 1월. 아들은 한창 외모에 관심 있는 나이였습니다. 그때는 고3이었습니다. 어깨가 넓어졌으면 좋겠다면서, 나중에 수능 치고 나면 운동을 좀 해야겠다 말하더군요. 제가 권했습니다. 수능 칠 때까지 기다리지 말고, 오늘부터 매일 팔굽혀펴기 10회씩 해 보라고 말이죠. 그 말을 들은 아들은, 고작 팔굽혀펴기 10회를 해가지고 무슨 운동이 되겠느냐며 대수롭지 않게 여겼습니다. 그러면서도 아빠의 말이니까 마지못해 듣는 시늉은 했습니다.

6개월이 지났을 때, 아들은 185센티미터의 키에 어울리는 떡 벌어진 어깨를 가지게 되었습니다. 처음엔 팔굽혀펴기 10회도 겨우 하던 녀석이, 50회도 가뿐하게 해냈습니다.

두 차례 큰 수술을 받은 어머니는 양손으로 보행기를 붙잡고 건기 연습을 했습니다. 2주에 한 번씩 외래 진료를 다녔습니다. 엑스레이를 비롯한 각종 검사 결과, 아무 이상 없이 잘 치유되고 있다는 의사의 말을 들었습니다. 어찌나 마음이 놓이던지요.

그날 밤, 어머니는 이렇게 말했습니다. "다음에 병원에 갈 때는 보행기를 짚지 않고 갔으면 좋겠는데…. 이렇게 부지런히 연습하면, 언젠가는 보행기 없이 걸을 수 있겠지?"

밤 10시가 넘은 시각. 저는 어머니의 말을 듣고는 미리 사둔 지팡이를 가져다가 어머니 앞에 대령했습니다.

"지금 당장 연습 한번 해볼까요?"

무슨 일이 일어났을까요? 어머니는 한쪽짜리 지팡이를 짚고 걷기 시작했습니다. 양손으로 짚고 다녀야 하는 의료용 보행기를 접어 창고에 넣었습니다. 아직은 좀 힘겹게 보이긴 하지만, 어머니는 당장 한쪽짜리 지팡이를 짚을 수 있었던 겁니다.

양손으로 짚고 밀면서 다녀야 하는 의료용 보행기를 사용할 때보다 한쪽짜리 지팡이를 짚게 되었을 때, 어머니는 당신의 치유 과정에 더 큰 확신을 갖게 되었습니다. 오늘 새벽에는 혼자 샤워도 했다고, 어머니는 환한 표정으로 웃으며 말합니다.

> 대부분의 사람들은 일생을 '언젠가는 할 거야'라는 환상의 섬에서 보낸다.
> — 데니스 웨이틀리

자신의 힘과 잠재력을 과소평가하는 사람이 많습니다. 우리는 늘 할 수 있고 하면 된다는 사실을 자각해야 합니다. 시간이 흐른 후에 '그때 ~했더라면'이라고 후회한 적이 얼마나 많았던가요. '지금을 산다'는 말의 의미는 가능성을 현실로 만든다는 뜻입니다. 오늘과 지금에 집중하라는 말조차도 어렵게 들립니다. 다 필요 없습니다. 오늘, 지금, 그 일을, 하는 겁니다.

하지 못하는, 할 수 없는, 어떠한 평계도 용납해서는 안 됩니다. 오늘 팔굽혀펴기 10개를 하지 못할 이유가 대체 무엇입니까? 오늘 한쪽짜리 지팡이를 짚고 한번 걸어보지 못할 이유가 도대체 무엇인가요? 자신의 수준에 맞게 목표를 잡기만 하면, 우리 모두는 오늘 '그 일'을 할 수 있습니다.

[자이언트 북 컨설팅]을 통해 583호 작가가 탄생했습니다. 이 책이 출간될 즈음에는 더 많은 작가가 탄생했을 테지요. 작가 열 명도 배출하지 못한 책쓰기 코치가 얼마나 많은가요. 기적 같은 성과입니다. 저 자신도 믿기지 않는 숫자이고요. 오늘 글을 쓰고, 오늘 강의를 하고, 오늘 통화를 하고, 오늘 부딪치고, 오늘 넘어지고, 오늘 다시 일어섰기 때문입니다. 인생은 오늘입니다. 그 외에는, 아무것도, 아닙니다.

과거 상처에 발목 잡힐 이유가 없습니다. 과거 영광에 취해 있지도 말아야 합니다. 다가올 미래 때문에 불안해할 이유도 없습니다. 나중에 하겠다며 미루지도 말아야 합니다. 모두 환상을 살아가는 태도입니다. 현실을 똑바로 볼 수 있어야 합니다. 아프고 힘들어도 오늘을 직시하는 사람만이 극복하고 나아갈 수 있습니다.

"현실과 맞서라, 그렇지 않으면 현실이 당신과 맞서게 될 것이다."
– 알렉스 헤일리

과거를 돌아보고 미래를 꿈꾸며 살았던 적 있습니다. 모든 걸 잃었지요. 그 후로 삶을 대하는 태도를 바꾸었습니다. 지금에 집중합니다. 오늘만 살아냅니다. 매일 최고의 하루를 만나고 있습니다.

부정적인 습관, 최악의 인생

요즘 사람들이 가장 많이 하는 말이 "피곤하다"와 "힘들다"라고 합니다. 인생살이 만만치 않구나 생각이 들어서 씁쓸합니다. 몸이 피곤하면 쉬어야 합니다. 무엇보다 건강이 최고지요. 재충전을 해야 다시 나아갈 수 있습니다. 휴식은 마냥 노는 것만을 의미하지는 않습니다. 잠을 푹 자는 것도 휴식이고, 책을 읽는 것도 휴식이며, 운동을 하는 것도 휴식입니다. 자신에게 맞는 방법을 찾아 에너지를 회복하는 시간을 꼭 가져야 하겠습니다.

문제는 마음입니다. 마음이 피곤하고 힘든 것을 '괴롭다'고 표현합니다. 몸이 힘들 때는 즉시 휴식을 떠올리는 반면, 마음이 괴로울 때는 그냥 넘어가거나 시간 지나면 나아질 거라고 착각하는 경우가 많은데요. 저 같은 경우에는 몸이 피곤한 것보다 마음이 힘들 때가 훨씬 많았습니다. 그래서 돌아보는 시간을 가졌습니다.

어텐션

저한테 와서 '책쓰기 수업'을 받고 책을 출간한 사람이 적지 않습니다. 2023년 11월 현재 583호 작가를 배출했습니다. 그중에서는 가슴 벅찰 정도로 기뻐하며 감사를 표현하는 사람도 있지만, 입 싹 닦고 혼자 힘으로 출간한 것처럼 등을 돌리는 사람도 없지 않았습니다.

강의를 들었으면 아무래도 제 강의 내용이 머릿속에 자리 잡았을 텐데, 한 마디 상의도 없이 책쓰기 수업을 여는 사람도 있었습니다. 분명히 '이은대의 요리법'을 배웠으면서도, 배운 게 아무것도 없다며 똑같은 식당을 개업하는 꼴이었지요. 저한테 책쓰기 수업을 듣고 두 권이나 출간했으면서 다른 책쓰기 강사를 홍보하는 인간도 있었습니다. 그 사람 지금 강의도 하거든요. 수강생들한테 어떤 이야기를 들려주고 있을지. 정규수업 다 듣고, 제목과 목차도 받고, 초고까지 완성한 사람이, 자신의 개인 사정으로 퇴고를 진행하지 않으면서 뻔뻔스럽게 환불을 요구하는 사람도 있었습니다. 뭐 이것뿐이겠습니까? 남들이 볼 때 '잘나가는 이은대'입니다만, 하루에도 몇 번씩 속앓이를 합니다. 마음이 피곤하고 힘들었지요. 괴로움과 함께 일했다고 해도 지나친 말이 아닙니다.

지금까지 말씀드린 모든 내용을, 저는 '좁은 생각'이라고 정의합니다. 속이 상할 때마다 스티브 잡스와 토니 라빈스와 다산 정약용을 떠올립니다. 제 곁에 그들이 있다면, 그들은 과연 제게 어떤 조언을 해줄까요? 같이 화를 낼까요? 함께 속상해할까요? 글쎄요. 전혀 아닐 것 같습니다. "큰일에 집중하라!"고, 한결같이 호통을 칠 게 분명합니다.

맞습니다. 저는 생각이 좁았습니다. 사람은 모두 각자의 사고방식으로 살아갑니다. 모두를 아군으로 만들겠다는 것은 불가능한 일이지요. 불가능한 일을 바라니까 점점 더 힘들었던 겁니다. 이렇게 생각이 좁으니까 당연히 부정적인 심리 상태가 될 수밖에 없었습니다. 그들에 대한 분노, 원망. 그들이 안 되기를 바라는 못된 심보. 그들 자신과 똑같은 사람 만나서 마음고생 하게 될 거라며 마구 퍼부은 저주. 좁은 생각과 부정적인 심리 상태가 제 마음을 피곤하고 힘들게 만들었던 겁니다.

세 가지에 집중하기로 했습니다. 오늘, 내 마음, 내 사람들입니다.

첫째, 오늘입니다. 내일을 오늘보다 더 잘 살아낼 수 없을 정도로, 오늘을 치열하게 살아갑니다. 이렇게 오늘에 집중하다 보니, 사업은 엄청난 속도로 번창했고, 자이언트는 업계 압도적 1위가 되었지요.

둘째, 내 마음입니다. 생각과 감정을 수시로 확인합니다. '흘려보내는' 시간보다 '잡아채는' 시간이 많습니다. 저도 모르게 부정적인 생각을 하게 되지만, 얼른 붙잡아 따뜻하고 좋은 생각으로 방향을 돌립니다. 이제는 습관이 되어 어렵지도 않습니다. 내 마음에 신경을 많이 쓰니까 내 마음이 점점 좋아졌습니다.

셋째, 내 사람들입니다. 저한테 상처 주는 인간들도 있지만, 한결같이 저를 응원해주고 아껴주는 사람이 훨씬 많다는 사실을 기억합니다. 마음이 힘들 때마다 '찐팬 여러분'을 떠올립니다. 아! 행복하기 짝이 없습니다. 사랑에 빠지면 개똥도 예뻐 보입니다. 이런 마음으로 살아가니까 제 뒤통수를 친 사람마저 응원하게 되더군요. 제 인생이 자꾸만 좋아지는 이유입니다.

괴로웠던 시간을 뒤로 하고 한결 편안한 마음으로 살아가고 있습니다. 이런 삶이 가능해진 이유는 생각을 했기 때문입니다. 멈추는 시간을 가졌다는 뜻이지요. 매일 일기를 쓰면서 제 마음과 감정을 들여다보았습니다. 바꿀 수 있는 것은 무엇이고, 통제할 수 없는 것은 무엇인가. 타인의 말과 행동은 제가 바꿀 수 없는 문제였습니다. 외부 환경이나 조건, 사건, 결과 따위는 모두 통제권 밖에 있는 일들이었지요. 마음, 감정, 기분, 해석, 판단, 결정, 선택 등은 모두 제가 바꿀 수 있는 것들이었습니다.

바꿀 수 있는 것에만 집중합니다. 이왕 에너지를 쓸 거라면, 내가 영향을 미칠 수 있는 일에 쓰는 것이 훨씬 낫겠지요. 오늘 무슨 일이 일어날지는 아무도 모릅니다. 하지만, 어떤 일이 일어나든 기쁘고 행복한 마음을 유지하겠다는 태도는 선택할 수 있습니다. 명심해야 합니다. 어떤 일이 있어도 우리는 행복할 수 있다는 사실을요.

　세상은 우리를 괴롭히기 위해 온갖 일을 벌입니다. 그게 인생이지요. 우리가 해야 할 일은, 그럼에도 끄떡없음을 보여주는 겁니다. 이 글을 쓰고 또 읽는다는 것은 지금 살아 있다는 뜻이고, 지금 살아 있다는 것은 지금까지 살아냈음을 의미합니다. 지금까지 살아낼 수 있었다면, 앞으로도 견디고 버티고 이겨낼 수 있겠지요. 누구도 내 인생을 뿌리째 뽑아낼 수 없다는 사실. 이제 고개 들고 당당하게 살아도 됩니다. 멋있게요.

　어텐션

망설임과 두려움을 깨부수는 최고의 방법

'일요일인데, 하루 쉴까?'

무슨 일이든 시작하기 전에는 별 생각이 다 듭니다. 하기 싫다, 귀찮다, 내일부터, 5분만 있다가, 다른 일 먼저 하고, 굳이 해야 하나, 별로 효과도 없고….

망설임과 두려움을 깨부술 수 있는 최고의 방법은 일단 "시작"하는 겁니다.

모자와 장갑, 그리고 마스크 착용합니다. 생수 한 통 챙겨 가방에 넣고, 자전거를 끌고 나갑니다. 함지산 입구에 자전거를 세워두고 등산로 입구에 올라섭니다. 잔잔하게 펼쳐진 운암지를 보는 순간 그래! 잘 왔다! 이제 시작이다! 설렘과 도전의식이 팍 솟습니다.

오르막길에서는 5분만 걸어도 땀이 비 오듯 흐릅니다. 숨소리가 커집니다. 헉헉거리는 소리가 점점 거칠어지고, 허벅지는 끊어질 듯합니다. '그만 돌아갈까?' 한 걸음 내디딜 때마다 포기하고 싶은 마음 간절합니다.

그러면서도 멈추지 않습니다. 어떤 잡생각이 흘러 들어와도 계속 움직이기만 하면 이겨낼 수 있습니다. 결국 오늘도 저는 망일봉 정상을 밟고야 말았습니다. 한눈에 내려다보이는 도시 정경이 '승리'를 축하해줍니다.

정상에서는 5분도 채 머물지 않습니다. 산꼭대기에 서는 것이 인생의 목적이 아니기 때문이지요. 돈, 성공, 명예, 권력, 이런 것들은 모두 삶의 부산물일 뿐입니다. 진짜 인생은 계속 나아가는 것이지요. 멈추는 순간 썩기 시작한다는 사실을 잊지 말아야 합니다.

내려오는 길에 접시꽃을 만났습니다. 접시꽃은 그냥 멀리서 바라보면 '예쁜 꽃' 정도로만 보입니다. 그런데, 가까이 가서 자세히 들여다보면 그야말로 장관입니다. 가운데 수술에서부터 꽃잎 끝에 이르기까지 힘차게 뻗어나가는 핏줄을 볼 수가 있지요. 이것은 꽃의 무늬가 아닙니다. 생명력입니다. 단 1초도 멈추지 않는 강력한 생명의 힘이자 노력과 끈기와 인내의 표상입니다. 접시꽃의 핏줄을 보면서 등산의 피로가 한방에 사라집니다. 그래! 이렇게 살아야지!

하기 싫은 마음 이겨냈습니다. 포기하고 싶은 마음 극복했습니다. 오늘도 나는, 나를 이겨냅니다.

어텐션

압도적인 실행력

책을 출간한 작가는 두 가지를 느낄 수 있습니다. 첫째, 내 삶에도 이런 이야기가 있었구나. 둘째, 나 같은 사람도 다른 사람 도울 수 있구나. 바로 여기에서 꼭 짚어야 할 문제가 있지요. '내 삶에도 이런 엄청난 이야기가 있었구나.', '나 같은 사람도 다른 많은 사람 도울 수 있구나.'처럼, '엄청난'과 '많은'이라는 수식어를 반드시 제거해야 한다는 사실입니다.

충분히 소중한 경험이 있음에도 그것이 '엄청나지 않다'는 이유로 소홀히 여기는 사람 많습니다. 분명 다른 사람에게 도움을 주었는데도 '많은 사람'을 돕지 못했다는 이유로 별것 아니라 여기는 사람도 흔하지요. 대박, 베스트셀러, 부자, 성공, 인생역전 따위의 말들이 공공연하게 나도는 까닭에 '작지만 소중한' 순간들을 업신여기는 세상이 되어버렸습니다.

저는 작가이자 동기부여 강연가입니다. 사람들이 글을 쓰고 책을 출간할 수 있도록 돕습니다. 때로, 제가 하는 일에 회의를 느껴 갈등과 고민을 할 때가 있는데요. 그럴 때마다 스스로 동기를 부여하며 다시 힘을 냅니다. 무조건 하자 하자 해가지고는 꾸준히 지속하는 동력을 갖기 어렵습니다. 제가 스스로 동기를 부여하는 몇 가지 비밀을 공개합니다.

첫째, 책을 출간한 작가의 작은 멘트 하나도 놓치지 않습니다.
- 잊고 살았던 경험과 추억을 떠올릴 수 있었어요.
- 상처와 아픔이 지금의 나를 만든 씨앗이었다는 사실을 깨달았습니다.
- 감사하다는 독자의 편지를 받고 뿌듯했습니다.
- 제 이야기가 그 사람한테 위로를 전할 수 있어서 좋았습니다.
- 책을 내고 나니 가족이 얼마나 소중한지 알겠더라고요.

쓰는 과정에서는 별 생각 다 듭니다. 포기하고 싶은 순간도 많고요. 하지만, 끝내 책을 출간한 사람들의 입에서는 위와 같은 이야기가 한결같이 흘러나옵니다. 물론, 각자가 이런 경험을 얼마나 대단하게 여기는지는 모르겠습니다. 하지만 저는 압니다. 결국은 작은 경험이 쌓이고 모여 인생을 만든다는 사실을요. 누군가에게 이런 느낌과 감정을 전할 수 있다는 사실은 소중하고 가치 있습니다. 힘들 때

어텐션

마다 떠올립니다. 그리고 생각합니다. 내가 가는 길이 옳다는 신념과 확신이지요.

둘째, 수강생들의 글이 나아지는 모습을 확인합니다.

매주 목요일 밤 9시부터 한 시간 동안 "문장수업"을 진행합니다. 온라인 강좌를 론칭한 후부터 시작한 과정입니다. 대면 수업과는 달리, 화면에 집중하는 수강생들이 글을 쓰고 수정하는 장면을 실시간으로 볼 수 있는 온라인 수업의 장점이지요.

문장수업을 처음 시작할 때만 해도 이렇게까지 해야 하나 싶은 생각을 했습니다. 문장력 향상에는 상당한 시간이 걸릴 테고 모든 수강생이 열심히 공부하는 것도 아닐 텐데 괜한 시간과 노력을 낭비하는 것은 아닐까 의구심이 생겼던 겁니다.

지금까지 총 160회 문장수업 진행했습니다. 블로그에 올라오는 수강생들의 글이 확연히 달라졌고, 퇴고하는 그들의 수준이 높아졌습니다. 노벨 문학상을 받을 만큼은 아닙니다. 거장들의 문장과 비교하면 아직도 걸음마 단계입니다. 중요한 것은, 우리의 비교 대상은 그 누구도 아닌 '어제의 나'란 사실이지요. 한 걸음 나아가면 충분합니다. 멈춰 있거나 후퇴하는 게 문제이지 앞으로 나아가는 것이 무슨 문제가 있겠습니까. 작지만 효과가 있다는 사실. 나의 노력과 그들의 연습이 합해져 더 나은 작가가 될 수 있다는 점. 제가 문장수업을 멈출 수 있을까요?

셋째, 새로운 독서모임의 지평을 만든다는 자부심입니다.

서평 쓰는 독서모임 "천무", 2023년 11월말 현재, 43회를 마쳤습니다. 매월 둘째 주와 넷째 주 일요일에 진행합니다. 저녁 8시부터 밤 10시까지 두 시간. 불과 두 시간만에 ① 독서노트 작성, ② 독서토론, ③ SNS 서평까지 모두 완성합니다.

처음 시작할 때만 해도 가능하다 말하는 사람이 드물었습니다. 독서노트 작성하는 데에만 한 시간 걸릴 테고, 토론하고 서평까지 쓰려면 적어도 서너 시간 이상 걸릴 텐데. 과연 두 시간 안에 그 모든 것이 가능할까? 의심과 우려의 목소리가 컸지요.

지금까지 마흔세 권 읽었습니다. 책을 읽었습니다. 독서노트를 썼고, 독서 토론을 진행했으며, 마흔세 편의 서평을 작성하여 SNS에 올렸습니다. 두 가지를 고려했습니다. 첫째, 반드시 두 시간 안에 끝낸다. 둘째, 짧은 시간 안에 완성하면서도 퀄리티를 놓치지 않는다. 우리는 또 한 번의 작은 성공을 만들어가고 있습니다.

책을 읽기 시작했습니다. 독서노트를 작성하기 시작했습니다. 서로의 이야기를 나누고 공감합니다. 서평이라는 글을 쓰기 시작했지요. 새로운 경험은 할 수 있다는 자신감과 더 나은 삶을 추구하는 자극으로 이어집니다. 앞으로 더 다양하고 새로운 천무 콘텐츠를 개발하고 적용할 예정입니다. 멈출 이유가 없습니다.

세 가지 말씀드렸습니다. 셀프 동기부여의 비밀을 정리해 봅니다.

① 새로운 시도를 망설이지 않는다.

② 어떻게 하면 도움을 줄까 계속 궁리한다.

③ 아주 작은 성공 경험이라도 반드시 찾아내어 정리하고, 스스로에게 박수와 격려를 해준다.

인생은 살아가는 게 아니라 만들어가는 겁니다. 가만히 있어도 세월은 간다…. 제가 가장 싫어하는 말입니다. 하루 단위로 성과 일기를 써야 합니다. 오늘 무엇을 이루었는가? 오늘 무엇을 이루지 못했는가? 한 달만 체크해도 인생이 달라집니다.

스스로 동기를 부여하는 일은 자동항법장치와 다르지 않습니다. 알아서 척척 움직인다는 뜻이지요. 성공이나 성장을 가로막는 벽은 심리적 위축과 실행력 부족입니다. 두 마리 잡으면 누구나 성공할 수 있지요. 할 수 있다는 자신감, 잘하고 있다는 자부심, 오늘도 도전하는 실행력. 인생, 파이팅이 중요합니다.

Attention

chapter 3

말과 글에
주목하라

말과 글의 본질

양복을 입은, 점잖게 생긴 아저씨가 거리에서 청소를 하고 있는 청소부에게 마구 소리를 지릅니다. 먼지 좀 나지 않게 빗질을 곱게 하라고 말이죠. 욕설을 섞어가며 험한 말을 내뱉습니다. 청소부 아저씨는 횡단보도 앞에서 과일행상을 하고 있는 노부부에게 소리를 지릅니다. 장사를 하려면 깨끗하게 해야지 종량제 봉투도 사용하지 않고 이리 더럽게 장사를 하면 어떻게 하냐고 욕을 퍼부어 댑니다. 과일행상을 하는 노부부는 자신들의 옆에서 조그맣게 판을 벌인 채소를 파는 할머니를 향해 소리를 지릅니다. 다른 곳도 많은데 하필이면 우리가 먼저 자리를 잡은 곳에 와서 꼭 이렇게 판을 벌여야 하느냐고 마구 욕을 해댑니다.

욕을 먹는 청소부 아저씨가 쓸쓸해 보였습니다. 과일행상 노부부가 안타까워 보였습니다. 채소를 파는 할머니가 불쌍해 보였습니다. 양복 입은 아저씨도 거리 청소부도 행상을 하는 노부부도, 채소 파는 할머니도 뭘 그렇게 잘못했을까요?

말은 전염이 됩니다. 어떤 바이러스보다도 전염성이 강하지요. 심한 욕설을 들은 사람의 입에서 좋은 말이 나올 리 없습니다. 이렇게 돌고 도는 말에 대해 가만히 생각해 보면 언젠가 내 입에서 나온 험한 말들이 결국 나를 비롯해 내 가족을 향해 돌아올 거란 사실이 눈에 훤히 보입니다.

화가 나고 짜증이 날 때 입을 통해 마구 쏟아져 나오는 험한 말들을 참기가 어렵지요. 그렇지만 딱 한 번만 꾹 참고 삼키고 나면 내 마음이 훨씬 평온하고 맑아지는 것을 느낄 수 있습니다. 다른 사람에게 상처를 주는 사람은 반드시 그 상처를 돌려받게 되지요. 저는 이 사실을 너무도 절절하게 경험했습니다.

좋은 말, 아름다운 말은 처음 사용하기에는 다소 어색할 수도 있습니다. 하지만 한두 번만 노력하다 보면 나 입에서 나오는 좋은 말들을 듣는 사람보다 말을 하는 내 자신이 훨씬 평온해짐을 느낄 수 있지요. 요즘 중·고등학생들 말하는 것 들어본 적이 있습니까? 가히 상상을 초월합니다. 이것이 우리 아이들만의 문제일까요? 내가 먼저 예쁜 말을 하는 습관을 들이면 온 세상 사람들의 말이 바뀔 수 있습니다.

마음에 안 드는 사람 있을 수 있습니다. 못마땅하고 미운 사람 있을 수 있지요. 사람이니까요. 그런 사람 앞에서 당당하게 말하지 못하고, 뒤에서 험담하는 사람 많습니다. 특히, 글 쓰는 사람 중에서 이런 삐딱한 태도 가진 이들이 있는데요. 바람직하지 못합니다.

저는 글 쓰고 강의하는 사람입니다. 제가 쓴 글에도 오타 있을 수 있습니다. 제가 하는 강의에도 빈틈이 있을 수 있지요. 오타는 바로 잡으면 됩니다. 강의도 잘못된 바 있으면 정정하면 됩니다. 완벽한 사람 없습니다. 누구나 실수하고 실패합니다.

제 글과 강의에 대해 뒤에서 험담하고, 또 글에다 묘하게 돌려 박아 저를 지적하는 이들도 적지 않습니다. 저도 예전에 글에다 가시를 자주 박아 썼습니다. 대놓고 말하기는 좀 그렇고, 글에다 티 나지 않게 흉과 험담을 늘어놓았지요. 결과는 어땠을까요?

글에다 가시 박는 사람은 무조건 자신이 찔리게 되어 있습니다. 남한테 못된 얘기 하는 사람은 반드시 몇 배로 돌려받게 됩니다. 세상 진리이고 인생 법칙입니다. 뭘 잘 몰라서 그러는 모양인데, 안타깝고 안됐습니다.

불평과 불만으로 반평생 살았습니다. 감옥에서 깨달았지요. 단 한 마디도 삐딱한 소리를 해서는 안 되는구나. 혹시라도 주변에 불평과 불만 일색인 사람 있으면 단칼에 끊어내야 하는구나. 작심하고 살아갑니다. 아무리 좋은 사람이라도, 아무리 마음 가는 사람이라도, 삐딱한 태도와 말버릇 가진 사람은 결코 가까이 두어서는 안 됩니다.

글도 마찬가지입니다. 좋은 글만 써야 합니다. 몰래, 숨어서, 모

어텐션

르겠지 하고, 아니면 보란 듯이, 살살 감춰가며, 지적질하며, 그 사람에 대한 안 좋은 이야기를 가시처럼 숨겨 박는 글은 절대로 쓰지 말아야 합니다.

회사에서의 업무 능력은 생존 도구입니다. 화가한테 그림 그리는 능력은 삶의 수단이지요. 작가에게 글쓰기는 인생 무기입니다. 좋은 곳에 쓰면 좋은 무기가 되고, 나쁜 곳에 쓰면 나쁜 무기가 됩니다.

글 배워서 나쁜 마음 갖고 쓸 거라면 차라리 도둑질을 배우는 게 낫습니다. SNS에 글 한 편 올릴 때도 공격적인 성향으로 누군가를 흠집 내거나 비방하는 마음을 담지 말아야 합니다. 필요할 땐 도움 청하고, 자신의 마음에 들지 않는 부분에 대해서는 비방과 험담과 욕설을 서슴지 않고. 그러면서도 자신은 반듯하게 잘 살아가는 것처럼 말하지요.

10년 넘게 매일 글 쓰고 있습니다. 나름 별별 글을 다 써보았습니다. 남 비방하는 글도 써보았고, 몰래 험담하는 글도 써보았고, 티나지 않게 돌려 까는 글도 다 써보았습니다. 그래서, 누가 조금이라도 남을 비방하는 내용의 글을 쓰면 다 보입니다. 읽는 내내 마음이 안 좋습니다. 글을 쓴 사람의 삶이 결코 좋아지지 않을 거란 사실을 잘 알기 때문입니다.

글 쓰는 법 열심히 배워서 악성댓글 달고 다니는 것과 다를 바 하나도 없습니다. 권투 배워서 사람 패고 다니는 양아치 되는 것과 똑같습니다. 자신을 돌아보는 것 같은 흉내만 살짝 내고, 본심은 남을 헐뜯는 글 쓰는 거지요. 최악입니다.

글에는 힘이 있습니다. 사람 감정을 한순간에 들뜨게도 하고 망가뜨리기도 하지요. 카카오톡 몇 글자만으로도 멀쩡한 사람 속을 뒤집어놓을 수 있습니다. 사람은 늘 그렇지요. 자신은 잘못한 게 없고, 상대에게만 문제가 있다. 평생 달라지지 못할 겁니다.

좋은 글을 써야 합니다. 좋은 말을 해야 합니다. 미운 사람 있지요? 그럼 본인은요? 자신은 그렇게 당당하고 잘났고 흠이 없는 것 같습니까? 사람 누구나 비슷합니다. 잘난 것도 없고 못난 것도 없지요. 완벽하지 못합니다. 완전하지 않습니다. 왜 자꾸만 남을 헐뜯고 비방하고 욕하려 합니까. 제발 그 입 좀 닫으면 안 될까요.

자, 어떻습니까 여러분. 제가 일부 사람을 지적하는 듯한 글을 계속 적으니까 읽기 좋은가요? 이 글을 읽는 동안 행복했습니까? 찝찝하고 불편했을 겁니다. 뭔가 문제가 있구나, 무슨 일이 있구나, 마음 좋지 않았을 테지요.

글이라는 게 이렇습니다. 조금만 삐딱하고 부정적으로 써도 읽는 사람 불편합니다. 이런 글을 여러 편 쓰고 많은 사람들에게 지속적으로 전하면, 작가인 저는 결국 독자들로부터 외면당하고 저 자신의 삶도 몰락하게 될 겁니다.

사람 이롭게 하는 글을 써야지, 왜 자꾸만 사람 꼬집는 글을 씁니

어텐션

까. 자신이 무슨 정의의 사도라도 되는 것 같은가요? 정 그렇게 정의를 실현하고 싶으면, 약한 사람 괴롭히고 나라 망치는 저 높은 자리 계신 분들 향해서 비판의 글을 쓰세요. 그럴 용기는 없으면서 맨날 주변 사람들 얘기만 씹지 마시고요. 글에다 가시 박지 마세요. 본인만 초라해집니다. 인생이 절대로 좋아지지 않을 겁니다.

말과 글의 본질은 표현 수단입니다. 내 안에 있는 것을 밖으로 끄집어낸다는 의미이지요. 욕하고 험담하는 사람은 자기 안에 구정물 가득하다는 사실을 인정하는 것에 다름 아닙니다. 좋은 말을 하고 좋은 글을 쓰는 것은 '나'를 정화시키는 행위입니다. 한 마디를 하더라도 기운 북돋워줄 수 있도록, 한 줄을 쓰더라도 용기와 희망 가질 수 있도록, 그런 말을 하고 그런 글을 쓰면 좋겠습니다.

쉽게 상처받는 이들에게

걸으로 보기에는 아무 문제가 없는데, 주변 사람들 말에 상처받는 민감하고 소심한 이들이 많습니다. 저도 예전에는 그런 부류였고요. 남의 말이나 행동에 상처받는 것은 견디기 힘들고 고통스럽습니다. 심리적으로 위축되면 입맛도 떨어지고 의욕도 상실합니다. 한마디로, 일상생활 자체가 흔들리는 것이죠.

먼저, 상처를 받는 이유를 알아야 하는데요. 가장 큰 이유는 타인으로부터 인정과 칭찬을 받고 싶다는 기대 심리 때문입니다. 인간의 본성이죠. 좋은 말을 듣고 싶다는 기대가 워낙 큰 탓에 조금만 안 좋은 소리를 들어도 멘탈이 무너지는 겁니다.

또 다른 이유도 있습니다. 상처받은 경험이 많기 때문입니다. 어렸을 적부터 부모 또는 선생님으로부터 위압적인 말을 많이 듣고 자란 사람은, 자신의 작은 실수나 잘못이 타인을 불행하게 만든다고 여

어텐션

깁니다. 인생 자체를 조심조심 살아가게 됩니다. 조금만 발을 헛디
뎌도 무슨 큰 잘못을 저지른 것처럼 자기 비판을 합니다. 그런 와중
에 곁에 있는 사람으로부터 "넌 문제가 있어!"라는 말을 들으면 와르
르 무너지는 것이죠.

감옥에 있으면서 사람에 관한 생각을 가장 많이 했습니다. 심리학
관련 서적도 셀 수 없이 읽었고요. 그런 과정을 통해 저 스스로 상처
입지 않는 방법을 모색하고 연습했습니다. 어떻게든 삶을 다시 일으
켜야 하는데, 쉽게 상처받는 습성을 가지고는 도저히 남은 인생 살아
갈 방법이 막막했기 때문입니다.

다른 사람의 말이나 행동으로부터 상처를 받지 않는 방법에 대해
말씀드리고자 합니다. 이 글을 읽은 사람들이 더 이상 자신을 힘들게
만들지 않았으면 좋겠습니다.

첫째, 사람에 대한 애착을 좀 줄일 필요가 있습니다. 이렇게 말하면
제가 아주 냉정하고 독한 사람으로 여겨질 수도 있겠습니다. 하지만,
현실을 직시하고 받아들이는 것만큼 문제 해결에 도움이 되는 사고
방식은 없다고 확신합니다. 사람은 누구나 자신에게 도움이 되는 쪽
으로 선택하는 습성이 있습니다. 다른 사람은 내게 상처를 주겠다는
의도로 그런 말과 행동을 하는 게 아닙니다. 자기만의 성향인 거죠.
그 사람은 자기 말과 행동이 잘못되었다고 생각지 않습니다. 그럼에

도 우리는 타인의 말과 행동에 너무 많은 의미를 갖다 붙이곤 합니다.

사랑에 목이 마르면 사람을 갈구하게 됩니다. 사람을 갈구하다 보면 반드시 기대에 미치지 못하는 상황을 만나게 되고요. 평생 갈 것처럼 만나고 사귀지만, 오래 가지 못하고 이별하는 경우가 얼마나 많습니까. 오는 사람 편안하게 받아들이고, 가는 사람 쿨하게 보내주는 것이 상처를 받지 않는 좋은 방법 중 하나입니다.

둘째, 언제 어디서 누구와 있든 그 모든 상황을 '공부'로 삼아야 합니다. 상처를 받을 게 아니라 자신에게 도움이 되는 학습용 경험으로 받아들여야 한다는 뜻입니다.

지금 저렇게 말을 하는 이유는 무엇일까? 저 사람의 내면에는 어떤 마음이 있을까? 사람이 화가 나거나 뭔가 못마땅할 때는 이런 분위기가 연출되는구나. 저 사람의 심리는 어떠한가? 불안한가? 초조한가? 아니면 나한테 어떤 경쟁의식을 느끼는 것인가? 어쩌면 방금 한 말은 나한테 하는 말이 아니라 스스로에게 하는 말일 수도 있겠다….

상대의 말과 행동에 상처를 받으면 자신만 손해입니다. 허나, 그 모든 상황과 분위기와 감정 따위를 공부로 활용하면 무조건 자신에게 도움이 됩니다. 특히 저는 글을 쓰는 사람이라서, 누가 무슨 말을 하든 그 순간의 분위기를 잘 학습했다가 나중에 제가 쓰는 글에 활용하곤 합니다. 얼마나 도움이 되는지 말도 못 합니다.

셋째, 철저하게 공감하는 능력을 키워야 합니다. 많은 사람들이 공감력을 '다른 사람 하는 말에 맞장구를 쳐주는 정도'라고 착각하고 있습니다. 공감은 그 사람 상황이나 말에 수긍하는 것이 아니라, 철저하게 그 사람이 되는 것이죠.

누가 나에게 모진 말을 하더라도 그 순간의 나는 '나'가 아니라 '상대방'이 되어야 합니다. 그런 말을 하는 이유, 그런 말을 하는 감정, 그런 말을 할 때의 심정 등 모든 부분에 있어 온전히 그 사람이 되어보는 겁니다. 이해하고 받아주란 뜻이 아닙니다. 그저 나와는 다른 머리와 가슴으로 세상을 보는 연습을 하자는 겁니다.

공감하는 능력을 키우다 보면 자신이 엄청나게 성장한다는 사실을 깨닫게 될 겁니다. 상처는 줄어들고 생각하는 힘은 커집니다. 사고 자체가 확장된다는 뜻이죠. 이렇게 내면이 점점 단단해지면, 누가 무슨 말을 해도 흔들리지 않습니다. 공감의 최고봉은, 누군가 나에게 상처가 되는 말을 해도 그저 웃으며 넘길 수 있는 수준입니다. 행복? 더 말할 필요도 없습니다.

어린아이나 나이가 많은 노인일수록 쉽게 상처를 받습니다. 가까운 사람에게서 더 큰 상처를 받지요. 오늘 저는 상처를 받지 않는 방법에 대해 말씀드렸습니다만, 그보다 더 중요한 것은 상처를 주지 않는 것입니다.

상대방의 입장이나 감정을 고려하지 않은 채 내가 하고 싶은 말만 하니까 당연히 상처를 주는 겁니다. 우리가 무슨 엄청난 수행자는 아니기 때문에 매 순간 말과 행동을 반듯하게 할 수만은 없을 겁니다. 하지만, 조금만 깊이 생각하고 타인을 배려하면 지금보다는 상처를 주고받는 일이 훨씬 줄어들 거라고 믿습니다.

저는 상처를 많이 받기도 했지만, 다른 사람한테 상처를 많이 주기도 했습니다. 상처받고 힘들 때마다 생각했습니다. 내가 남한테 주었던 상처, 결국은 이렇게 고스란히 돌려받게 되는구나.

네, 그렇습니다. 자기 입에서 나간 말은 반드시 자기 귀로 돌아옵니다. 다소 시간이 걸리는 탓에 깨우치지 못할 뿐이지요. 좋은 말만 하면서 살아도 인생 짧습니다. 미움과 시기와 질투와 분노로 소중한 삶에 상처를 입히는 일 없었으면 좋겠습니다.

마음 편안하고 아무 문제 없을 때는 누구나 따뜻할 수 있습니다. 문제는 감정이 격해질 때입니다. 욱하는 성질을 참지 못하고 마구 뱉는 말들, 결국은 후회로 돌아옵니다. 내 마음이 평온한 게 최고입니다. 이 모든 공부와 연습을 하는 이유는, 내 마음을 위해서입니다.

어텐션

끝내주거나 받아들이거나

첫 번째 책을 쓸 때, 아주 불안했습니다. 얼마나 심했냐 하면요. 밤에 수시로 잠을 깨기도 했고, 다 쓴 글을 아무 이유도 없이 마구 지워버리기도 하고, 다른 책을 읽어도 전혀 집중할 수도 없을 정도였습니다. 왜 불안했을까요? 혹시 출간계약이 되지 않으면 어떻게 하나. 책이 나왔는데 독자들이 마구 손가락질을 하면 어쩌나. 뭐 이런 생각들 때문이었습니다.

초보 작가라면 누구나 한 번쯤 경험해볼 만한 일인데요. 한마디로 말하면 '내 책이 잘못되면 어쩌나' 하는 불안한 심리라 할 수 있습니다. 처음 도전하는 일이기도 하고, 확신할 수 없는 일이기도 하기 때문입니다.

시중 서점에 가서 다양한 책을 구경하면서 서서히 마음을 바꾸었습니다. 이러한 불안이 나 자신에게 아무런 도움이 되지 않는다는 사실을 깨달았지요. 오히려 글 쓰는 데 방해만 되고, 건강까지 해친다는 생각에 태도를 바꾸기로 했습니다.

첫째, 잘되지 않으면 어쩌나 하는 생각 대신에 최고로 잘될 거라는 생각을 하기로 했습니다. 무슨 근거로 그런 생각을 하느냐고요? 잘되지 않을 거란 생각을 할 때도 근거는 없었습니다. 어떤 생각을 하든 내 마음이지요. 그저 선택하기에 달려 있을 뿐입니다. 나쁜 생각 많이 했으니 좋은 생각도 그만큼 하기로 했습니다.

둘째, 최악의 경우를 상상하고 받아들이기로 했습니다. 책을 출간하는 과정에서 최악의 경우는 어떤 것들이 있을까요? 출판이 안 될 수도 있고요. 독자들로부터 독한 비판을 받을 수도 있겠지요. 가만히 생각해 보니, 그 외에는 달리 최악이 없겠더라고요. 출판 안 되면 다시 다른 글 쓰면 되고, 독자들이 악성 댓글을 달면 다음에는 좀 더 나은 책을 쓰면 됩니다. 무조건 잘되어야 한다는 집착에서 벗어나니까 글 쓰는 게 한결 편안해졌습니다.

셋째, '나 잘났다' 하는 생각을 버리기로 했습니다. 내 책이 잘되어야 한다는 생각은 결국 나 잘났다는 생각에서 비롯된 겁니다. 내가 책을 쓰면 잘될 수도 있고 잘 안 될 수도 있지요. 이게 마땅한 결론인데, 저는 무조건 잘되어야 한다고만 생각했기 때문에 불안하고 초조했던 겁니다. 나 자신에 대한 기대와 평가 수준을 낮추고 나니까 글 쓰는 게 훨씬 수월해졌습니다.

넷째, 뭐가 됐든 아직 일어나지 않은 일입니다. 잘되든 못되든 미래의 일이지요. 중요한 건 지금입니다. 생각이 자꾸만 미래에 가 있으니 지금에 집중할 수가 없었고, 그래서 글은 점점 더 엉망이 되었습니다. 생각을 오늘과 지금에 가져왔습니다. 집중하고 몰입했습니다. 효과 최고였지요.

다섯째, 책 한 권 출간해서 인생 어떻게 바꿔보겠다는 집착과 열망도 내려놓기로 했습니다. 꿈과 목표가 있어야 하고 철저한 계획이 있어야 하고 성공해야 하고 돈 많이 벌어야 하고…. '이렇게 해야 하고 저렇게 해야 한다'는 강박에 사로잡혀 있었습니다. 큰 실패를 겪은 후라서 더 그랬던 모양입니다. 그냥 살아도 되는 거였습니다. 좋은 글 쓰고, 안 되면 또 쓰고, 그냥 쓰고, 계속 쓰고, 그러면 충분합니다. 책으로 돈 벌어 성공해야 한다는 압박을 접고, 자유롭게 글 쓰는 인생을 살겠다고 작정하고 나니까 아주 훨훨 날아오를 것 같았습니다.

글 쓰고 책 출간하는 과정 말고 다른 모든 일도 마찬가지입니다. 미래에 대한 기대와 어떻게 되어야 한다는 강박이 불안하고 초조한 마음을 만듭니다. 제 경험상 이러한 마음은 자신을 향한 학대에 가깝습니다. 그냥 살아도 되는데, 자꾸만 올가미에 자신을 끼워 넣으려 하는 것이죠.

노래를 부르는 게 좋으면 그냥 노래만 열심히 부르면 됩니다. 슈퍼스타가 되어 무대를 휘어잡는 가수가 되어야만 한다고 생각하는 순간, 노래는 노래가 아니라 노동이 되고 맙니다. 돈 많이 벌어 성공해야만 인생이 의미가 있다고 생각하는 사람은 그날이 오기 전까지 계속 괴롭고 힘든 나날을 보낼 수밖에 없는 것이죠.

꿈과 목표를 몽땅 접으라는 말이 아닙니다. 집착하지 말라는 소리입니다. 열심히 노력하고, 안 되면 다른 방법으로 해 보고, 그래도 안 되면 다른 길을 찾아도 됩니다. 지금 세상은 길이 수천 개 존재하고, 어떤 길이든 얼마든지 선택할 수 있는 기회의 시대입니다. 이것 아니면 안 된다는 강박으로 자신을 힘들게 만들지 말았으면 좋겠습니다.

글 쓰는 건 쉽거나 만만한 일 아닙니다. 주변 광고에 현혹되지 말아야 합니다. 결국은 자신이 써야 하고, 공부도 해야 하고, 연습과 훈련도 해야 합니다. 이렇게 지난한 과정을 거쳐야 하는 일인데, 자꾸만 아직 일어나지도 않은 미래 일을 걱정하고 불안해하고 초조해하느라 집중하지 못하면 어떻게 글을 잘 쓸 수 있겠습니까.

생각은 내 멋대로 할 수 있습니다. 선택하기 나름입니다. 미래에 대한 생각은 딱 두 가지만 하면 됩니다. 끝내주게 잘될 거라는 초긍정의 생각! 그리고, 결과가 신통찮으면 받아들이면 그뿐이라는 낙천

어텐션

적인 생각! 바로 이 두 가지 생각 방식이 지금에 집중하도록 만드는 요소입니다.

아직 일어나지 않은 미래 일에 집착하는 것은 어리석은 태도입니다. '불안'이라는 심리는 항상 미래 일에 대한 감정으로 일어납니다. 생각해 보면 참으로 말도 안 되는 감정이지요. '내일 죽을지도 몰라! 아이고 무서워!' 매일 이러면서 사는 것이나 뭐가 다르겠습니까.

불안하고 초조하다면, 미래에 대한 생각을 단칼에 끊어버려야 합니다. 생각 바꾸는 데에는 시간 오래 걸리지 않습니다. 지금 이 순간 탁 바꾸면 끝납니다. 지금에 집중하십시오.

자존감에 대하여

지난 8년 동안 글쓰기/책쓰기 수업 진행하면서 가장 많이 들었던 단어가 '자존감'입니다. 자신을 존중하는 마음, 스스로 사랑하는 마음을 자존감이라 부르지요. 자신을 소중하게 여기지 않으면 글을 쓰기도 힘듭니다. 살면서 겪은 경험이나 깨달음 등을 통해 타인에게 메시지를 전해야 하는데, 그 모든 경험이나 깨달음을 별것 아니라 여기기 때문에 글을 쓰기가 힘든 것이죠.

자존감도 일종의 감정입니다. 강사이자 코치인 제가 아무리 설명하고 설득해도 당사자가 마음을 바꾸지 않으면 자존감 일으켜 세우기가 힘들겠지요.

자존감을 강하게 만드는 데에는 여러 가지 방법이 있습니다. 사업에 크게 실패하고 전과자 파산자가 된 저는 그야말로 자존감 빵점인 채로 살았습니다. 그러다가 글 쓰고 책 읽으면서 저 자신에 대한 생각을 바꾸게 되었습니다.

저의 경험을 바탕으로 자존감 하락의 원인과 강화 방법에 대해 몇 가지 소개하겠습니다. 도움이 되면 좋겠습니다.

첫째, 자존감이 바닥인 이유는 높은 곳을 쳐다보는 습관 때문입니다. 성공한 사람, 잘나가는 사람, 인기 많은 사람, 외모가 수려한 사람, 돈 많은 사람…. SNS를 통해 이런 사람들만 자주 보니까 상대적으로 부족한 자신이 자꾸만 초라하게 여겨지는 겁니다.

세상에는 나보다 잘난 사람도 있고 나보다 어렵고 힘든 인생 살아가는 사람도 존재합니다. 내가 언제 어디서 어떤 삶을 살아가든 마찬가지입니다. 나보다 낫다 싶은 사람 보면서 배울 점을 찾고, 나보다 어렵게 사는 사람을 보면서 감사할 줄 알아야 합니다. 철학적으로 말하자면 중도이고, 심리학 표현을 쓰자면 평정이지요.

고개를 너무 오래 들고 있으니 목이 아파서 그렇습니다. 이제부터라도 눈을 좀 낮춰서, 주변에 힘들게 살아가는 이들에게 마음을 나눠주겠다 생각하며 살았으면 좋겠습니다. 그렇게 하면, 지금 내게 주어진 것들에 감사하고 만족할 수 있게 됩니다.

둘째, 자존감에 대해 고민하고 있다는 건 그만큼 살 만하다는 증거입니다. 새벽에 인력시장 가서 자존감에 대해 한번 물어보세요. 수산시장 상인들한테 가서 자존감 아느냐고 인터뷰 한번 해 보세요. 그 사람들, 아마 자존감에 대해 하나도 모를 겁니다.

자존감 따위 생각할 겨를조차 없는 사람들입니다. 생의 현장에서 치열하게 살아가기 때문입니다. 먹고사는 문제가 눈앞에 닥쳐 인간의 감정이나 자아실현에 대해서는 눈 돌릴 틈이 없는 것이지요.

자존감에 대해 고민하고 있다는 말은, 적어도 내 삶이 먹고사는 문제를 벗어났다는 의미입니다. 얼마나 다행입니까! 차원 높은 고민을 하면서 살아가는 것도 복입니다. 이 정도 삶을 누릴 수 있으니, 당연히 감사해야 하고, 또 나를 인정해주어도 되지 않겠습니까.

셋째, 어떤 경우에도 감정에 휘둘리면 끝장이란 사실을 잊지 말아야 합니다. 좋은 감정이든 나쁜 감정이든 감정에 휩쓸리면 실수하게 마련입니다. 좋다고 방방 뛰면 중요한 부분을 놓칠 수 있고요, 우울하고 힘 빠지면 일하기도 싫어집니다. 어떤 경우에도 감정에 휘둘리지 않도록 중심 잡고 살아야 합니다.

감정에 휩쓸리지 않기 위해서는 어떻게 해야 할까요? 지금 하는 일, 해야 하는 일에 집중하면 됩니다. 기분이 너무 좋아도 일이 손에 잡히지 않는다 하고, 속이 상해도 일하기 싫다고 합니다. 이렇게 감정에다 우선순위를 두니까 변화와 성장이 힘든 것이죠.

기분에 좌우되지 말고 원칙과 규칙에 따라 하루를 보내는 습관을 잡는 것이 좋습니다. 감정은 인위적인 게 아니기 때문에 자칫하면 휘둘리기 쉽거든요. 연습하고 노력해야 합니다. 감정은 감정대로 두고 할 일은 한다는 생각으로 집중해야지요. 연습하고 반복하면 감정 때문에 일을 소홀히 하는 경우가 많이 줄어들 겁니다.

자존감을 낮게 만드는 원인과 강화 방법에 대해 세 가지 내용을 정리해 보았는데요. 이보다 더 중요한 사실이 한 가지 있습니다. 자존감이 낮다는 것을 자신의 나태나 실수의 변명으로 삼지 말아야 한다는 점입니다. 무슨 말만 하면 자존감이 낮아서 못 한다고 합니다. 왜 그랬냐고 조금만 따지고 물으면 자존감이 낮아서 그렇다고 합니다. 자존감에 대해 제대로 알지도 못하면서 무조건 그것을 방패막이로만 이용하려는 것이지요. 이 또한 습관입니다.

자존감이 낮다는 이유로 다른 사람들이 자신을 탓하지 않을 거라고 안일하게 생각지 말아야 합니다. 얼마든지 당당하게 살 수 있는 자신을 자존감 저하로 둘러싸고 변명과 핑계로 일관하는 습성을 뿌리 뽑아야 제대로 된 변화와 성장을 이뤄낼 수 있습니다.

자존감은 "잘난 자신"을 존중하는 마음이 아닙니다. 부족하고 모자라도 있는 그대로의 자신을 사랑하고 아끼는 마음이지요. 우리 모두는 충분히 인정할 만한 존재입니다. 무엇을 잘해서 살아가는 게 아니라, 처음부터 살아가는 존재였습니다. 잘나서 인정하는 게 아니라, 인정함으로써 점점 나아지는 겁니다.

나를 위한 세상의 잔소리

언제부턴가 돈에 집착하기 시작했습니다. 돈이면 전부 다 된다고 믿었지요. 돈을 많이 벌 수만 있다면 무슨 일이든 하겠다 싶었습니다. 멀쩡하게 잘 다니던 회사를 때려치우고 사업이란 걸 시작했습니다. 사업이 뭔지도 몰랐고, 준비나 계획 따위도 없었습니다. 그저 돈 많이 벌겠다는 욕심 하나만 갖고 시작했으니, 망할 수밖에 없었지요.

약 3년 정도 알코올 중독에 빠져 살았습니다. 제가 실패했다는 사실을 받아들이기 힘들었습니다. 무엇을 어떻게 수습해야 할지 전혀 몰랐습니다. 아니, 관심조차 갖고 싶지 않았습니다. 도저히 엄두가 나질 않았거든요. 피하고 싶었습니다. 도망다니기 바빴습니다. 누가 대신 내 삶을 다시 복구시켜주면 좋겠다는 망상만 하면서 세월을 낭비했습니다.

어텐션

세상으로 다시 돌아왔을 때, 할 수 있는 일이 아무것도 없어서 막 노동을 했습니다. 뭐라도 해서 돈을 벌어야 가족이 먹고살 수 있었으니까요. 태어나서 그때까지 망치 한 번 제대로 잡아본 적 없었습니다. 그랬던 제가 등짐을 지고 벽돌을 나르며 시궁창에서 쓰레기를 주웠지요.

육체 노동을 하면서 사는 것은 힘들었습니다. 저를 더욱 괴롭힌 것은, 시간이 흐르면서 이렇게 살아도 되겠다 안주하려는 마음이 생긴다는 사실이었습니다.

처절한 실패는 저로 하여금 돈에 대한 욕심과 집착을 멈추게 해주었습니다. 신이 저한테 내린 따끔한 벌이자 조언이었지요. 그대로 계속 두었다간 더 큰 실패와 절망을 경험했을지도 모를 일이었습니다. 실패 덕분에 멈출 수 있었습니다. 지금 이렇게 더할 나위 없이 행복한 삶을 만나게 된 것도 따지고 보면 전부 실패 덕분입니다.

회피하고 도망다니는 것은 아무런 해결책도 되지 못한다는 사실을 깨달았습니다. 알코올 중독에 걸렸던 덕분입니다. 어느 순간 정신을 차리고 보니까, 이렇게 살아서는 안 되겠다 심장이 쿵 내려앉더군요. 물론, 계속 중독에 빠져 허우적거리는 사람도 없지 않습니다. 다행히도, 참 다행히도 저는 술을 벗어날 수 있었습니다. 아이러니입니다만, 알코올에 중독된 탓에 알코올의 무서움을 알게 되었지요.

걱정과 근심만 하면서 살았습니다. 입에서 한숨이 멎을 날 없었지요. 육체 노동을 하게 되니까, 눈앞에 펼쳐진 막중한 작업 덕분에 잡생각을 할 겨를이 없었습니다. 20킬로그램 시멘트 포대를 백 개 옮기고 나면 하늘이 노랗습니다. 허리가 끊어질 것 같습니다. 아무 생각이 나질 않습니다. 걱정? 근심? 그런 따위 할 힘조차 없다는 뜻입니다.

지난 과거를 아픔과 상처로 해석하는 사람이 있습니다. 반면, 깨달음이나 성장의 씨앗으로 풀이하는 사람도 있지요. 방법이 문제가 아닙니다. 마음 하나면 됩니다. 내가 선택할 수 있는 것은 오직 마음뿐이니까요.

사업을 하다 보면 성공할 수도 있고 실패할 수도 있습니다. 결과는 언제나 나의 통제력 밖에 있습니다. 살다보면 중독에 빠질 때도 있습니다. 자신의 힘으로는 어찌할 수 없다는 뜻입니다. 환경이나 상황이 좋지 않으면 기꺼이 막노동을 할 수도 있습니다. 좋아하는 일만 하면서 살 수는 없는 노릇입니다.

그럼에도 우리는, 밖에서 일어나는 모든 사건과 상황을 통제하려는 습성을 갖고 있습니다. 안 되는 걸 되게 하려니까 스트레스도 받고 좌절도 하는 것이지요. 무슨 일이 닥치든 마음만 흔들리지 않으면 굳건하게 버티고 견딜 수 있습니다.

네, 맞습니다. 결코 쉽지 않은 일이지요. 그런데요. 제가 해 보니까 전혀 못할 일도 아닙니다. 맨 처음 이런 생각을 받아들이는 것이 어렵고 힘들 뿐, 한 번만 시도하고 실천하면 그다음부터는 꽤 수월하게

어텐션

마음에 집중할 수 있습니다.

지금도 저한테는 사사로운 문제들이 매 순간 닥칩니다. 하지만, 예전처럼 근심하고 무너지고 무릎 꿇지는 않습니다. 어떤 일도 내 삶을 무너뜨릴 수 없다는 사실을 잘 알기 때문입니다. 내 마음을 지키고 살아가니까요.

고통스러운 삶을 살았습니다. 제가 맨날 전과자, 파산자, 알코올 중독자, 막노동꾼 이야기를 하니까 이제는 듣는 사람들이 대수롭지 않게 여기기도 하는데요. 오죽하면 아직도 자다가 벌떡 일어나 식은 땀을 비오듯 쏟아내고 있겠습니까.

저는 그 누구도 제가 겪은 참담함을 되풀이하지 않기를 바랍니다. 짐승처럼 오열하는 일도 없었으면 좋겠고, 한 걸음 나아가지 못해 주저앉는 일도 없었으면 좋겠고, 삶을 포기하려 스스로 목숨 버리길 시도하는 일도 없었으면 좋겠습니다.

그래서 이런 글을 씁니다. 오래전 저한테 돌아갈 기회가 있다면, 과거 저 자신한테 꼭 전해주고 싶거든요. 괜찮다고 말이죠. 인생, 그렇게 무너지지 않으니까 기운 내라고 어깨를 토닥여주고 싶습니다. 아울러, 자기 안에 숨겨진 힘과 다시 일어설 수 있음을 믿으라는 말도 함께 전해주고 싶습니다.

불가능한 꿈이란 걸 알기에, 지금을 살아가는 이들 중에서 과거 저와 비슷한 사람한테 대신 전하고자 하는 것이지요. 글이란 이런 겁니다. 책을 쓰는 이유는 이런 것이지요. 10년 전의 자신에게, 5년 전의 자신에게, 몇 줄이라도 글을 전한다는 마음으로, 그렇게 쓰는 것입니다.

경험을 돈으로 만드는 방법

제 삶은 크게 두 부분으로 나눌 수 있습니다. 하나는 삶의 전반부, 직장생활과 사업을 하며 살았던 시기입니다. 물론 몽땅 실패로 돌아갔지만 말이지요.두 번째는 글을 쓰며 강연하는 삶입니다. 삶의 중반부를 지나면서, 스스로 꽤 만족하며 살아가고 있습니다.

흔히 삶의 변화라고 말합니다. 전혀 다른 모습으로 살아가는 거지요. 혹자들은 제게 묻습니다. 삶이 변할 수 있었던 가장 큰 요인이 뭡니까? 굳이 답하자면, 망했기 때문입니다. 제가 만약 직장생활이나 사업에서 성공적인 가도를 달렸더라면, 아직도 여전히 돈 욕심 버리지 못하고 끝도 없이 위를 향해 경주마처럼 달리고만 있었겠지요. 가족이나 친구, 주변 사랑하는 이들을 모두 외면한 채, 그저 돈 버는 기계처럼 건조하게 살고 있었을 겁니다.

가끔씩은 간절한 눈빛으로 질문하는 이들도 만납니다. 변화한 삶에 대해 단순한 호기심을 갖는 게 아니라, 시련과 고통의 한가운데에서 지푸라기라도 잡아보겠다는 심정으로 제게 질문을 던지는 이들이 있습니다.

나는 어떻게 변화할 수 있었는가? 여기서 중요한 것은 '나는 어떻게 성공할 수 있었는가?'라는 질문이 아니라는 사실입니다. 변화는 곧 성장이고, 성장은 무한한 가능성을 내포하고 있습니다. 물질적 성공은 이제 더 이상 제 삶을 설명하는 수식어가 될 수 없고, 또 그렇게 살지도 않을 겁니다.

다시 질문으로 돌아가서, 나는 어떻게 변화할 수 있었는가에 대해 고민해봅니다. 글쓰기와 독서, 그 밖에도 마음가짐의 변화 등 여러 가지 요인을 꼽을 수 있겠습니다. 그러나 변화 요소를 딱 한 가지만 꼽으라면, 저는 이렇게 말하고 싶습니다. 삶의 전반부에서는 하나라도 더 가지려고 살았습니다. 그러나 지금은, 줄 수 있다면 주겠다는 생각으로 살아갑니다.

재수 없지요? 그런데 진심입니다! 더 벌고, 더 가지려고 살았을 때에는 참 불행했습니다. 물론 그때는 불행인지조차 몰랐지요. 매일 피곤하고 지쳤습니다. 악바리처럼 견디고 버티며 살았지요. 지금은 오히려 잠도 훨씬 적게 자고, 일도 훨씬 더 많습니다. 그런데도 피곤하다거나 지친다는 생각이 별로 들지 않습니다. 내 책을 쓰는 시간도 너무 즐겁고, 열차나 버스를 타고 전국을 다니며 강연하는 것도 너무나 행복합니다. 쓰는 동안에는, '이 글을 읽는 독자에게 어떻게 잘 전달할 수 있을까?'라는 생각을 멈추지 않습니다. 강연할 때는 '어떻게 해야 청중들의 가슴에 남을 수 있도록 전달할 수 있을까?'를 항상 염두에 둡니다.

책쓰기와 강연은 내가 가진 경험과 지식을 나누는 일입니다. 아무리 나누어도 내가 가진 것이 줄어들지는 않습니다. 읽고 듣는 이들은 얼마든지 가져갈 수 있지요. 세상에 이런 장사가 어디 있겠습니까. 봉사와 헌신처럼 거창한 말을 쓰고 싶은 마음도 없고, 그렇게 살아갈 자신도 없습니다. 살면서 배우고 깨달은 것들을 다른 사람들에게 나눠준다는 생각 자체만으로도, 가치 있는 일을 하면서 생계를 유지할 수 있다는 사실만으로도 감사하고 기쁜 일입니다.

각자 고유의 경험을 하면서 살아갑니다. 환경도 다르고 조건도 다릅니다. 자신만의 삶의 이야기라면 얼마든지 책을 쓰고 강연할 수 있다고 믿습니다. 약간의 스킬이 필요할 뿐이겠지요. 가진 것이 없어서 나눌 수가 없다고 생각하는 것은 고리타분한 민속촌 생각입니다. 지금은 밥 잘 먹는 것만으로도 스타가 되는 세상입니다. 빨래를 잘 개는 것, 안경을 잘 닦는 사람, 연필을 종류별로 다양하게 쓰는 사람, 아이들과 잘 놀아주는 엄마, 넥타이 쉽게 맬 줄 아는 사람, 책상 정리 잘 하는 사람, 아침에 일찍 일어나는 사람… 조금만 잘한다 싶으면 무엇이든 누구든 "글로 쓸 수 있고, 강연으로 나눌 수 있습니다!"

돈을 벌겠다, 뭔가를 얻겠다, 이뤄내겠다…. 이런 생각이 나쁘다는 게 아닙니다. 이런 생각으로 살았는데 잘 풀리지 않았다면, '한 번 쯤 생각을 바꿀 필요도 있지 않을까'라는 말씀을 드리는 겁니다. 제 가 그랬으니까요. '돈이 될까?'라는 생각보다는, '이런 것도 어떻게든 사람들에게 전할 수 없을까?'라는 생각이 삶을 가볍고 수월하게 만 듭니다. 돈으로 누군가를 돕는 것도 좋겠지만, 자신의 경험을 나누는 것이 훨씬 더 가치 있다고 믿습니다. 누구나 할 수 있습니다. 돈 없는 사람은 많아도 경험 없는 사람은 없으니까요. 자신의 경험이 보잘것 없다는 잘못된 믿음만 없다면 말이지요.

인간은 다른 사람의 경험을 읽고 들으면서 성장합니다. 나에게 일 어난 문제들을 슬기롭게 극복한 또 다른 이의 경험담을 통해 배우고 깨닫고 성장하는 거지요. 당신의 삶의 경험을 함부로 판단하지 마십 시오. 삶에 잣대를 들이댈 수 있는 존재는 오직 신뿐입니다. 소중하 고 가치 있는 지난 삶에 의미를 부여할 수 있는 최고의 방법이 책쓰 기와 강연입니다. 오늘부터 시작해도 늦지 않습니다.

어텐션

지금, 그리고 미래 가장 중요한 자산은

단연코 영향력입니다. 자신을 돌아보면 금방 알 수 있습니다. 인터넷에서 물건 하나를 사려고 해도, 다른 사람 후기를 읽어봅니다. 예쁜 옷을 한 벌 사려고 하는데, 마침 후기에 유명한 여배우가 '좋다'고 남겨놓았다면 선택이 훨씬 수월하겠지요. 글을 한 편 썼는데, 김훈 작가께서 읽고는 '훌륭하다'고 평가했다면 어떨까요? 앞으로 작가 인생 살아가는 데 큰 도움이 될 겁니다.

똑같은 말이라도 곁에 있는 친구가 했을 때와 세계적인 동기부여가가 했을 때, 우리의 반응은 천지 차이겠지요. 맛집 하나를 찾을 때도 백종원이 엄지 손가락을 치켜세운 곳이라면 느낌이 다를 겁니다.

이처럼, 거의 모든 일상에서 우리는 '영향력을 미치는 존재'들로부터 영향을 받으며 살아갑니다. 선택과 판단을 수월하게 해주고, 신뢰를 갖게 하며, 살아가는 동력이 되기도 합니다. 자신의 능력도 중요합니다. 하지만, 인플루언서의 영향을 전혀 받지 않는다고는 말하기 힘들겠지요. 지금, 그리고 미래에 가장 중요한 자산은 바로 영향력입니다.

그렇다면 '나'는 어떨까요? 우리 모두는 누군가에게 영향력을 미치며 살아갑니다. 가족, 친척, 친구, 동료 등 주변 사람들에게 알게 모르게 영향을 미칩니다. 때로 좋은 영향을 미치기도 하고, 악영향을 미치기도 하지요. 이왕이면 더 좋은 영향력을 더 많은 이들에게 전할 수 있으면 좋겠습니다. 무엇을 어떻게 해야 할까요?

영향력의 도구는 두 가지입니다. 말과 글이죠. 말을 조리 있고 힘 있게 잘해야 하고, 글을 논리적이며 감성적으로 잘 써야 합니다. 지금과 미래가 영향력의 시대라면, 우리 모두가 당장 익혀야 할 것이 바로 말하는 법과 글 쓰는 방법이라는 사실에 반론의 여지가 없을 겁니다.

말솜씨는 어떻게 키울 수 있을까요? 어떻게 해야 내가 하는 말로 타인의 마음을 움직이고, 또 그들의 삶이 더 나아지도록 도울 수 있을까요? 글솜씨는 어떻게 향상시킬 수 있을까요? 어떻게 써야 사람들로 하여금 움직이게 만들고 용기를 갖게 할 수 있을까요?

첫째, 말과 글에 힘이 있다는 사실을 받아들여야 합니다. 내가 하는 말이 사람을 살릴 수도 있고, 내가 쓰는 글이 사람을 절망에 빠트릴 수도 있다는 사실을 자각해야 합니다. 중요성을 알아야 주의를 기울이게 됩니다.

어텐션

둘째, 말하는 법과 글 쓰는 법을 당장 배우고 익혀야 합니다. 말할 줄 안다, 글 쓸 줄 안다고 착각하는 이들이 생각보다 많습니다. 입에서 나온다고 다 말이 아니고, 손으로 쓴다고 해서 다 글이 아닙니다. 좋은 말에는 품격이 있고 좋은 글에도 품위가 있습니다. 공부해야 한다는 사실부터 깨달아야 합니다.

셋째, 배우고 익혔다면 실생활에 적용할 줄 알아야 합니다. 주변 사람들한테 한 마디 말을 할 때도 자신의 영향력이 미친다는 사실을 잊지 말아야 하고요. SNS에 글을 한 편 쓸 때도 자신의 글이 타인의 인생에 영향 미친다는 사실을 인식해야 합니다.

넷째, 말하는 법과 글 쓰는 법은 끝도 없이 배워야 한다는 사실을 잊지 말아야 합니다. 어느 정도 말할 줄 알고 글 쓸 줄 안다고 해서 자만하거나 공부를 멈추면 안 됩니다. 말과 글은 평생 사용하는 도구입니다. 완성이 없지요. 완성을 향해 나아가는 노력을 계속 기울여야 합니다.

다섯째, 영향력을 키워 타인을 돕는 인생 살겠다는 큰 뜻을 품어야 합니다. 결국은 말과 글입니다. 말하기를 우습게 여기면 실수 투성이 삶을 살게 되고, 글쓰기를 우습게 여기면 결국은 모든 경쟁과 인생에서 낙오하게 될 겁니다. 지금도 늦지 않았습니다. 말하는 법을 배

우고 글 쓰는 법 익혀서 다른 사람 인생에 선한 영향 미치며 살아가
길 응원합니다.

작가와 강연가로 8년째 살아가고 있습니다. 제 말 한 마디에 전
혀 다른 삶을 살게 된 이들도 많고요. 제가 쓴 글을 읽고 작가의 삶
을 시작한 이들도 셀 수 없습니다. 누군가의 삶에 좋은 영향을 미쳤
다는 사실에 행복하고 감사합니다. 한편으로는 더 큰 책임감 느끼기
도 하고요. 앞으로 더 좋은 말과 글로 세상을 이롭게 하는 데 보탬이
되도록 노력하겠습니다.

말은 씨앗이 된다

작가가 되겠다고 말했습니다. 작가가 되었습니다. 강사가 되겠다고 말했습니다. 강사가 되었습니다. 내가 가진 경험을 타인에게 전하며 살겠다고 말했습니다. 저는 지금, 더없는 삶을 누리고 있습니다. 말은 씨앗이 됩니다. 이보다 더 기막히고 멋진 법칙은 없습니다. 여기 도토리 씨앗이 있습니다. 땅에 심으면 도토리 나무가 됩니다. 예외가 없습니다.

첫째, 도토리 씨앗은 어떻게 해야 나무가 될 수 있는지 고민하지 않습니다. 나무가 된다는 사실에 한 치의 의심도 없지요.

둘째, 작은 씨앗 한 톨 안에 뿌리와 줄기와 나뭇잎과 열매가 모두 담겨 있습니다. 무한한 가능성이죠. 눈에는 씨앗 외에 아무것도 보이지 않습니다. 기적처럼 성장하고 뻗어나갑니다. 세상은 이를 당연하게 여깁니다.

셋째, 준비를 하거나 망설이지 않습니다. 그저 땅 속에 심어지기만 하면 온 세상을 끌어당깁니다. 물과 바람과 햇살과 양분. 어디서 어떻게 구해야 하는지 전략 세우는 일이 없습니다.

바로 이것이 씨앗의 법칙입니다. 사람은 누구나 '씨앗'입니다. 세 가지 법칙을 활용해야 합니다. 먼저, 끌어당김의 법칙입니다. 이루고 싶은 꿈이 있다면, 그 꿈을 선명하게 상상하고 한치의 의심도 없어야 합니다. 도토리 씨앗이 도토리 나무가 된다는 사실에 대해 전혀 의심하지 않듯이, 내가 '무엇'이 된다는 생각에 신념과 확신을 가져야 합니다.

두 번째는 잉태의 법칙입니다. 도토리 씨앗이 땅에 심어지면, 일정한 시간이 지나야 싹이 트기 시작합니다. 무슨 일이든 시간이 걸립니다. 인내하고 기다리는 끈기가 필요합니다.

마지막으로, 행동의 법칙입니다. 최소한 '땅 속에 심는다'라는 행동은 있어야 합니다. 아무리 강력한 끌어당김의 법칙이라 하더라도 방구석에 누워 있기만 해서는 아무것도 이룰 수 없습니다.

위에서 말한 여러가지 내용 중에서, 제가 가장 중요하게 여기는 것은 바로 "믿음"입니다. 그 믿음이 "말"로 변환되어 나올 때, 가능성이 현실이 되는 기적이 일어나는 거지요. 확고해야 합니다. 분명해야 합니다. 조금의 의구심도 없어야 합니다. 작가가 되고 싶다 정도로는 부족합니다. 이미 작가가 되었다고 생각하고 말해야 합니다. 그런 후에는, 자신이 작가가 된다는 사실을 지극히 당연하게 여기고 작가처럼 생각하며 살아야 합니다.

저는 작가가 되겠다고 말한 후에 매일 글을 썼습니다. 작가니까 글 쓰는 게 당연하다 여겼지요. 감옥에서, 그 조그만 방에 함께 수감되었던 열 명의 사람들이 저를 "이 작가"라고 불렀습니다. 책은커녕 이제 막 글쓰기 시작한 사람한테 "이 작가, 이 작가"라는 호칭을 썼지요. 제가 그렇게 부르라고 했습니다.

강사가 되기 2년 전부터 혼자 강의를 했습니다. 길을 걸을 때에도, 담배를 피울 때에도, 등산을 할 때도, 노가다 삽질할 때에도, 혼자서 중얼중얼 강의를 했습니다. 말하기 연습을 했습니다. 실제로 강의를 하게 되었을 때, 긴장하거나 떨린 적이 한 번도 없었습니다.

말은 씨앗이 됩니다. 씨앗은 나무가 됩니다. 우리 안에는 씨앗이 잠들어 있습니다. 오늘 또 하나의 씨앗을 땅에 심습니다.

당신이 얼마나 멋진 사람인지

"쓰고 싶다"는 말과 "썼다"는 말은 다릅니다. "써야 한다"는 말도 "썼다"는 말과 다르고요. "쓰면 좋겠다"는 말과 "썼다"는 말은 하늘과 땅 차이입니다. "쓰고 싶다", "써야 한다", "쓰면 좋겠다" 등과 같은 말을 "썼다"는 말로 착각하며 살아가는 경우가 많습니다. 산에 오르지 않고, 멀리서 산을 바라보면서 그 산에 대해 전부 아는 것처럼 말하는 것에 다름 아니지요.

단풍이 한창입니다. 산을 오르면서 '겪어보는' 단풍과, 아래에서 쳐다보기만 하는 단풍은 같을 수 없습니다. 시간과 노력을 들여 산에 오른 사람은 아래쪽에서 말하는 단풍이 얼마나 빙산의 일각인지 잘 압니다. 그래서 말합니다. 산에 한 번 올라보라고 말이지요.

경험이 없는 사람의 말은 공허합니다. 헛점이 많습니다. 반면, 경

어텐션

험해본 사람의 말에는 힘이 실려 있습니다. 가식적이지도 않고, 꾸 밈도 없으며, 그럴듯하게 말하기보다 있는 그대로 말하기 때문에 믿 음이 갑니다.

글을 쓴다는 것은, 자신이 살아온 이야기를 적는 행위입니다. "나 는 이렇게 살았다"라고 입으로만 말하는 것은 아래쪽에 서서 산을 말하는 것과 같습니다. 글로 적어보면 비로소 알게 됩니다. 내가 어 떤 삶을 살아왔는지.

때로 나의 삶이 보잘것없이 여겨질 때가 있습니다. 각종 매체를 통해 '엄청난' 삶을 이뤄온 사람들의 이야기를 접하지요. 상대적으로 내 삶은 초라하게 느껴지고, 세상에 보일 만한 가치가 없다는 생각이 들기도 합니다. 그러나 중요한 것은, 모든 사람들의 인생에는 반드시 '소중한 순간'이 있기 마련이란 사실입니다. 나름대로 잘 살아왔다는 생각이 듭니다. 여기까지 잘도 왔구나 싶습니다. 힘들고 어려운 시기 를 겪지 않은 사람도 없지요. 어떻게 견디고 버텼나 대견하기도 하고 기특하기도 합니다. 남들한테 보여주는 것은 두 번째 문제입니다. 나 자신이 뿌듯하고 기쁩니다. 남은 삶을 대할 용기도 생기고요. 구석구 석 살피고 찾아냅니다. 내 삶이 어떤 모습인지, 내 주변에는 어떤 사 람들이 있었는지, 나는 무엇을 받았고 또 무엇을 주었는지.

쉽지만은 않습니다. 연습이 필요하고, 꾸준한 노력과 인내가 있어 야 합니다. 힘들었던 시간을 쓰다 보면 자꾸만 우울한 감정에 빠지기도 하고, 자신이 쓴 글의 분위기가 어둡고 쓸쓸하면 쓸 맛이 사라지기도 합니다. 하지만 기억해야 합니다. 세상에는 쓰고 싶어도 쓰지 못하는 사람이 있다는 사실을. 몸이 아파 누워지내는 사람은 새벽에 일찍 일어나고 싶어도 일어날 수가 없습니다. 손이 불편한 사람은 키보드를 두들기거나 연필을 쥘 수가 없습니다. 생의 마감을 눈앞에 둔 사람은 일분일초가 소중하고요. 앞을 보지 못하는 사람은 글을 쓰고 책을 읽는 사람이 세상 가장 부럽겠지요. 우리가 누리는 모든 순간은 누군가의 입장에서는 축복일 수 있습니다. 바꿔 말하면, 우리는 매일 그 "축복"을 보잘것없다 여기며 살아간다는 뜻이지요.

어제 대구 서문시장에 다녀왔습니다. 이불도 사고, 아들 속옷도 구입했습니다. 일요일이라 사람이 많더군요. 틈을 헤집고 걸어가는 게 힘들었습니다. 시간도 많이 걸렸고요. 뒤에서 누군가 이렇게 말하더군요.

"왜 이렇게 사람이 많아! 으이구 짜증나! 움직일 수가 없네!"

앞을 보지 못하는 사람들은 그 '짜증나는' 인파 덕분에 길을 찾고 더듬어 자신의 위치를 파악합니다. 누군가에게는 '짜증'이고, 누군가에게는 절실한 '디딤돌'인 셈이지요.

어벤저스는 외계인 덕분에 영웅이 되었고, 온라인 줌(ZOOM)은 코로나 덕분에 대박이 났으며, 조앤 롤링은 힘겨운 생활고 덕분에 세계적인 작가가 되었습니다. 내 길을 가로막는 장애물은, 어쩌면 최고의 기회일지도 모릅니다.

잊고 살았던 수많은 기억들을 '복기'할 수 있습니다. 내 삶에 얼마나 많은 축복의 순간들이 존재하는지 '발견'할 수 있습니다. '내'가 얼마나 아름답고 멋진 존재인지 확인하고 깨달을 수 있지요. '나'를 아끼는 마음은 물론이고, '다른 사람' 소중히 여기는 생각까지 갖게 됩니다. 오늘을 마감하는 순간에 이르러, "오늘도 글을 썼다!"고 말할 수 있으면 좋겠습니다.

글은 어떻게 위로가 되는가

가슴 답답한 날, 뭘 해도 손에 잡히지 않고 의욕도 없어서 아무것도 하기 싫은 날. 사람 생각을 하면 짜증만 일고 글을 쓰는 것조차 마땅치 않을 정도로 기분 울적한 날. 별 생각 없이 곁에 놓인 책 손에 들고 아무 페이지나 펼쳤는데, 거기, 바로 딱 거기에 마치 지금의 나를 위해 적어놓은 듯한 한 줄의 문장을 읽습니다.

작가가 누구인지 책 제목은 무엇인지 살펴봅니다. 어쩜 이리도 완벽한 타이밍에 이 책이 나에게로 왔을까. 마음은 책 속으로 한없이 빠져들고, 나는 그렇게 세상 둘도 없는 '이해자'를 만나게 됩니다.

강의를 마치고 소감문을 받습니다. 한두 명 정도는 이런 소감을 남깁니다. "어쩜 이리도 제 마음을 꿰뚫고 계시는지요. 많은 위로를 받고 갑니다. 글 열심히 써볼게요." 두 시간 강의 내용 중에서 어느 부분이 어떻다는 말인지 정확히 알지 못합니다. 그저 내 강의가 조금

어텐션

이라도 마음에 닿았다면 다행이다 싶은 정도지요.

블로그에 글을 씁니다. 이웃들이 댓글을 남깁니다. 블로그를 시작한 8년 전에도, 그리고 지금도 변함없는 내용의 댓글들이 있지요. "마치 제 상황을 훤히 들여다보고 쓴 글 같습니다. 많은 도움이 됐습니다. 오늘도 힘내겠습니다!" 정확히 어느 부분이 어떻게 도움되었는지 잘 모릅니다. 내 글이 조금이라도 도움되었다니 흐뭇하기가 더 없습니다.

신의 선물 같은 순간. 때마침 내 손에 잡힌 그 책 속에서 세상 무엇과도 비할 수 없는 따뜻한 위로를 만나는 일. 강의 시간에 토해내는 열변 속에서 마침 그 사람의 심장에 닿는 한 마디 말. 블로그에 올리는 일상 포스팅 중에서 용기와 힘을 주는 "오직 나를 향하는" 듯한 글. 대단한 책을 신기루처럼 만나는 것도 아니고, 제 강의가 신내림 받은 무당 강의도 아니고, 블로그에 쓴 글이 위대한 수행의 결과도 아닙니다. 이런 일들이 다반사로 일어나는 것은, 우리네 삶이 뭐 그리 크게 다를 바 없다는 얘기입니다. 나만 겪는 아픔 아닙니다. 다들 겪습니다. 하필이면 나한테만 이런 일이 생기는 것 같지만, 결코 그렇지 않습니다. 어디 말하기도 민망하고 남부끄러워 살 수가 없다고들 하는데요. 터놓고 얘기해 보면 다들 고만고만합니다. 특별한 스토리 같고, 입만 떼면 사람들 놀라 자빠질 것 같지요? 내 손목 삐끗했다는 얘기 꺼내면 다리 부러졌다는 사람 나올 겁니다. 감옥에서, 막노동 현장에서, 그리고 수많은 예비작가들의 삶을 읽으면서, 비로소 알게 되었습니다. 삶의 무게란 것이 특정한 누구에게만 무겁게 내려 앉는 것이 아니란 사실을요.

견디기 힘들다 싶을 만큼 고통스러운 날 있고, 지금 같기만 하면 좋겠다 싶은 소박한 감사와 만족도 있고, 내 삶은 왜 이럴까 밉고 싫은 날 있습니다. 품고 있으면 아픔과 상처입니다. 드러내기 시작할 때에야 치유가 시작되는 거지요. "나 이렇게 아프다." 하면 사람들이 동정하고 불쌍하게만 볼 것 같지요? 결코 그렇지 않습니다. "그래, 나도 그랬어. 나도 많이 아프고 힘들었어." 다들 공감하고 위로받고 나눕니다. 그래서 글을 쓰라고 합니다. 책을 출간하라고 권하는 이유가 여기에 있습니다.

별것도 아닌 인생, 보잘것없는 삶, 이래저래 힘들기만 했던 이야기들이 무슨 글이 되고 책이 될까? 바로 그 이야기가 누군가에게는 위로가 됩니다. 나만 이렇게 힘든 게 아니었구나. 내 인생만 이렇게 오르막 아니었구나. 나보다 더 힘들고 어렵게 살아가는 사람 있구나. 그래도 이 사람은 나보다 열심히 살고 있네. 나도 살아볼까. 나도 써볼까. 나도 한번 일어서볼까….

책은, 쓰고 싶어 쓰는 게 아니라 써야 한다는 의무감으로 써야 합니다. 아직 시작도 하지 않은 당신의 책을 기다리는 독자가 너무도 많습니다. 조선왕조만 역사가 아니지요. 이제 당신의 역사를 쓰고 남기길 바랍니다.

chapter 4

행동에
주목하라

호언장담이나 약속 말고 행동으로

SNS와 유튜브 탓일까요. 말이 쉬운 세상입니다. 과장도 많고 허세도 많고 가짜도 많습니다. 숱하게 올라오는 광고 문구를 하나하나 들여다보고 있으면, 과연 이것이 정말이고 사실인가 당장 찾아가 물어보고 싶다는 생각이 들 정도입니다.

바르기만 하면 피부가 백옥 같아지고, 한 알만 먹으면 청춘의 힘을 되찾을 수 있고, 순식간에 몸속의 독소를 몽땅 뺄 수 있으며, 배우기만 하면 수억씩 벌 수 있는 글쓰기 방법이 있다고 하니…. 무슨 영화 속 세상도 아니고, 어떻게 이런 일이 현실에서 가능하다는 말인지 도저히 납득할 수가 없습니다.

저도 사업하는 사람이고 마케팅이 얼마나 중요한지 누구보다 잘 압니다만, 아무리 생각해도 '이건 아닌데…' 싶습니다. 성능 좋은 제품이나 질 높은 서비스를 만들어 있는 그대로 광고해도 얼마든지

어텐션

사람을 모을 수 있습니다. 핵심은 언제나 말이 아니라 '행동'이어야 합니다.

유튜브 보고 제품 몇 개 구입해 보았습니다. 인스타그램이나 블로그 광고를 보고 구입한 적도 있습니다. 글쎄요. 광고 내용에 비하면 그 성능이나 효과는 형편없었습니다. 마침 제가 사용한 제품과 서비스만 불량인 걸까요? 속상하고 배신감을 느낍니다. 돈도 아깝고요.

SNS에 올라오는 광고 대부분은 사람의 귀를 현혹시켜 달콤하게 만듭니다. 시각적 이미지를 화려하게 만들어 눈길을 끌지요. 그럴듯한 문장으로 멈춰 서게 만듭니다. 그런 다음, 엄청난(?) 약속을 합니다. 소비자의 입장에서는 함부로 "아니야!"라고 말조차 하기 힘듭니다. 그저 '나한테 맞지 않는 거겠지 뭐' 의기소침 물러날 수밖에 없는 현실입니다.

달라져야 합니다. 광고하는 사람은 진실해야 하고, 소비자는 냉철해야 합니다. 진짜를 이야기하고 사실을 전하는, 믿을 수 있는 세상이 되어야 합니다.

첫째, 설명하지 말고 보여주세요. 매일 글을 쓰면 인생 달라진다고 강조하지만 말고, 직접 매일 글을 쓰는 모습을 보여줄 수 있어야 합니다. 소비자는 설명을 듣고 판단할 게 아니라 매일 글을 쓰는 모습을 보면서 감동해야 합니다. 매일 쓰지 않는 사람이 매일 쓰라고 말하는 것은 거짓이고 과장입니다.

둘째, 약속하지 말고 증명하세요. 백옥 같은 피부로 만들어주겠다고 약속할 게 아니라, 자신의 피부가 흙빛에서 백옥으로 바뀌는 과정을 모두 보여줄 수 있어야 합니다. 보여줄 수만 있다면 더 이상 설명이 필요없는 것이지요. 과장이나 허위가 있을 이유가 없습니다.

셋째, 꾸미지 말고 까발려야 합니다. 좋은 건 좋은 것이고 안 되는 건 안 되는 것입니다. 솔직하게 자신을 드러내는 광고가 사람의 마음을 움직입니다. 적어도 나중에 후회하거나 속았다는 기분이 들지는 않을 겁니다.

종이책 일곱 권 냈습니다. 전자책 네 권 냈고요. 책을 열한 권 내고 나니까 삶이 이렇게 달라졌습니다. 그래서 사람들한테 글을 쓰고 책을 출간하길 권합니다. 함께하자고 말하는 것이지요. 강의할 때마다 제가 글 쓰는 모습을 보여주고, 일기장을 보여주고, 책 쓰는 모습을 시연합니다. 과장? 허위? 그런 거 없이도 8년째 사업 잘만 하고 있습니다.

보여주는 광고는 뒷탈이 없습니다. 말을 꾸밀 필요가 없으니 당당할 수 있습니다. 거짓말 하나를 덮기 위해서는 수많은 다른 거짓말을 해야 합니다. 저도 한때는 거짓말만 하면서 살았기 때문에 누구보다 이 사실을 잘 압니다. 괴롭고 고통스럽습니다. 가짜와 거짓은 스스로를 망치는 지름길입니다.

어텐션

과장과 허위를 한 번 사용하기 시작하면, 나중에는 그것이 진짜인 줄 착각하게 됩니다. 자신이 말하면서도 무엇 하나 증명하지 못하는 것이지요. 대표적인 것이 "월천 프로젝트" 같은 것입니다. 어쩌다가 한두 달 천만 원 벌어놓고, 마치 매달 천만 원 벌 수 있는 노하우를 알려줄 것처럼 광고합니다. 정작 자신은 몇백 벌지도 못하면서 말이죠.

책 쓰면 인생 바뀐다고 난리를 칩니다. 고작 한 권 출간해놓고 말입니다. 그것도 혼자 힘으로 책을 기획하고 집필하고 출간해본 경험은 한 번도 없으면서. 차라리 그저 소박하게, "책 한 권 출간해본 초보 작가의 경험담을 있는 그대로 나눌 테니 왕초보 작가 지망생들 모여라!"라고 광고하는 것이 훨씬 낫지 않겠습니까?

광고하는 사람들의 과장과 허위를 막기 위해서는 먼저 소비자들이 지혜롭고 현명한 판단을 할 수 있어야 합니다. 삶이 팍팍하고 힘드니까 달콤한 몇 마디에 넘어가는 것이지요. 중심을 안에서 잡지 않고, 자꾸만 밖에서 찾고 기대려 하니까 우리를 '밥'으로 아는 인간들이 많아지는 겁니다.

어딜 가서도 보여달라 말할 수 있어야 합니다. 증명해달라 요구할 수 있어야 합니다. 직접 확인하고 판단할 수 없다면 의심해 보아야 합니다. 반면, 몽땅 까놓고 당당하게 보여주는 제품이나 서비스에 대해서는 약간의 투박함과 부족함이 있어도 기꺼이 인정해주고 박수 쳐주는 태도를 가져야 하겠지요.

솔직하고 당당한 인생. 저는 이런 삶이 멋있다고 생각합니다. 수년 간 실패와 좌절로 고개 숙인 채 살았습니다. 다른 건 다 참겠는데, 머리 떨구고 사는 건 정말이지 두 번 다시 상상조차 하기 싫습니다. 전부 보여줄 수 있다면, 말이 아니라 행동으로 보여줄 수 있다면, 어깨는 저절로 펴집니다.

신뢰는 언제나 행동으로 만들어집니다. 강한 척 술 마시는 사람은 맛있어서 술 마시는 사람 절대 이길 수 없습니다. 자기가 술 세다고 자랑하는 사람은 술이 약할 가능성이 큽니다. "술이 맛있다!"고 하는 사람이 진짜지요. 마셔보면 금방 압니다.

말에 속지 말았으면 좋겠습니다. 힘들고 어려운 세상입니다. 과장이나 허위, 가짜가 사라진 세상. 믿을 수 있고 기댈 수 있는 세상이 되기를 바라봅니다.

원하는 인생 만들기 위한 세 가지 조건

가진 것에 만족하는 자세는 대단히 중요합니다. 이미 많은 것을 가졌으면서도 자꾸만 더 가지려 하는 것은 욕심이기 때문입니다. 욕심은 끝이 없습니다. 필요 없는 것조차 가지려 하면 이미 가진 것들마저 잃게 마련이지요.

연필을 한 자루 가지고 있다고 가정해봅시다. 중요한 것은 그 연필로 글을 쓰는 것이죠. 지금은 새 연필을 하나 더 가질 필요도 없고, 새 연필을 바라보며 이미 가진 연필과 비교할 필요도 없습니다. 연필의 쓰임새는 글을 쓰는 것이고, 지금 내가 해야 할 일도 글을 쓰는 것입니다.

이미 가지고 있는 연필을 최대한 활용하면, 그 연필의 수명이 다했을 때 반드시 새로운 연필을 갖게 됩니다. 누구보다 연필의 가치를 제대로 알고 그 쓰임새를 100% 활용하기 때문에 연필이 내 손을 떠나는 일은 결코 없을 거라는 말입니다. 이미 가진 것에 만족하고 감사하는 태도가 더 나은 삶을 만드는 핵심 요소입니다.

가진 것에 만족해야 한다고 강조했습니다만, 절대 만족하지 말아야 하는 것도 있습니다. 그것은 바로 자신의 노력입니다. 자신의 노력에 대해서는 어떠한 경우에도 만족하지 말아야 합니다. "최선을 다했다!"는 말을 어쩜 이리도 쉽게 남용하는지 안타까울 지경입니다. 자신에게 최선이 무엇인지조차 모르면서, 실제로 온힘을 쥐어짜 본 적도 없으면서, 그저 평범한 노력을 기울인 정도로 만족하는 경우가 허다합니다.

저는 매일 글을 쓰고 책을 읽습니다. 더 이상은 할 수 없을 것 같다고 생각하며 치열하게 쓰고 읽었습니다. 그런 생각을 한 것이 6년 전입니다. 그러니까 저는 이미 6년 전에 최선을 다한다고 생각했었는데요. 지금은 그때와는 비교도 할 수 없을 정도로 더욱 맹렬하게 쓰고 읽으며 살아갑니다. 6년 전에 저는 최선을 다하지 않았던 것이고요. 앞으로도 저는 지금보다 더 열심히 살아갈 자신 있습니다.

개인이 가진 힘은 무한합니다. 더 이상은 할 수 없다는 말, 함부로 해서는 안 됩니다. 한 걸음 더 나아갈 수 있고, 한 번 더 시도할 수 있으며, 한 페이지 더 쓸 수 있습니다. 자신이 기울이는 노력에 대해 결코 만족하지 마십시오. 노력에 만족하지 않는 사람이야말로 원하는 모든 것을 이룰 수 있습니다.

가진 것에 만족할 줄 알고, 자신의 노력에 만족하지 말아야 한다고 강조했습니다. 여기에 한 가지 덧붙이고자 합니다. 원하는 인생을 만들기 위해서 위 두 가지보다 더 중요한 마음가짐이 있는데요. 그것은 바로 자신을 사랑하는 태도입니다.

사업에 실패하고 전과자 파산자가 되어 모든 삶을 통째로 날려버린 제가 스스로를 사랑했다고 하면 많은 사람이 질문합니다. "어떻게 그런 상황에서도 자신을 사랑할 수 있습니까?"

자기 사랑에는 조건이 없기 때문입니다. 내가 나 자신을 사랑하기 위해 필요한 것은 오직 사랑하는 마음 한 가지뿐입니다. 그 참혹한 인생을 살았으면서도 《최고다 내 인생》이라는 책을 써냈지요.

사람들은 자신을 사랑하기보다는 타인으로부터 사랑받기만을 갈구합니다. 자신을 아끼고 사랑하지 않는 사람이 다른 사람들로부터 사랑을 받기란 불가능에 가까운 일입니다. 사랑받고 싶어 하지만 상처받을 뿐입니다.

저는 요령이나 방법 따위 믿지 않습니다. 인생 전반전에는 그런 요령이나 방법을 찾고 따르려다가 바닥으로 추락했었지요. 인생 후반전에는 무식할 정도로 반복하고 공부하고 시행착오 겪으면서 밀어붙였습니다. 그러면서 지금에 이르렀고요.

사람들은 여전히 '쉽고 빠른 방법'을 찾는 것에 혈안이 되어 있습니다. 글 쉽게 빨리 쓰는 방법, 돈 쉽게 빨리 버는 방법, 영어공부 쉽게 빨리 하는 방법, 마케팅 쉽게 빨리 하는 방법…. 인터넷과 스마트폰의 보급으로 '쉽고 빠른 세상'이 되었지요. 그러나 한 가지 잊지 말아야 할 사실이 있습니다. 사람은 '어렵고 힘든 과정'을 겪어야만 행복과 기쁨을 느낀다는 아이러니입니다.

사람이 좀 진득하고 무게가 있고 깊이가 있어야 자신의 일에서 성과를 낼 수 있습니다. 촐랑촐랑 왔다갔다 정신이 하나도 없을 정도로 가볍고 얕은 사람이 너무나 많습니다. 한두 가지 자신만의 길을 찾아 묵묵히 나아가는 근성과 집념이 어느 때보다 필요한 시기입니다.

무슨 일이든 현재 자신이 가진 것만으로 충분히 시작할 수 있습니다. 어떠한 경우에도 스스로 최선을 다했다는 오만을 부리지 말아야 합니다. 이 모든 과정 속에서도 언제나 자신을 믿고 사랑하는 자기 확신을 잃지 말아야 합니다.

공부, 방해 요소를 정리하는 힘

글쓰기가 힘들고 어려웠습니다. 한 번도 배운 적 없고, 글을 많이 써본 적도 없었기 때문입니다. 감옥에서 글을 쓰기 시작한 탓에 누구 하나 물어볼 사람조차 없었지요. 그저 혼자서 책 읽고 글 쓰고 연구하고 다시 쓰고, 그렇게 반복하며 오랜 시간 많은 양의 글을 쓰는 것밖에는 방법이 없었습니다.

강연도 마찬가지입니다. 제 강의를 듣고 좋다고 말하는 사람 꽤 많았습니다. 하지만, 강의를 처음 시작했을 때에는 어디서부터 어떻게 시작해야 할지 아무것도 몰랐습니다. 무대에 서서 무조건 말 많이 한다고 될 일이 아니었지요. 구성을 갖춰야 했고, 강약 리듬을 타야 했으며, 청중의 마음을 움직일 수 있는 감동과 유머와 스토리텔링까지 공부해야 했습니다.

저는 지금 집필과 강연으로 먹고 삽니다. 제 업이란 뜻입니다. 글 쓰는 것도 어려웠고 강의하는 것도 힘들었습니다. 어렵고 힘들었기 때문에 배울 수 있었습니다. 만약 제가 시작부터 글도 제법 쉽게 쓰고 강의도 만만하게 했더라면, 아마 지금까지도 그 처음 실력에서 한 걸음도 벗어나지 못했을 겁니다.

책 많이 읽었습니다. 제가 읽은 어떤 책에서도 "선천적으로 잘해서 성공했다"는 이야기는 없었습니다. 능력과 재능 타고난 덕분에 인생 술술 풀렸다는 말도 들은 적 없습니다. 에세이든 자기계발서든 소설이든, 등장인물들은 항상 시련과 고난를 극복하며 현재에 이르렀지요. 그들은 이겨내고 성장했으며, 사람들은 바로 그 극복이라는 요소에 빠져드는 겁니다.

어떤 일에 도전하는데, 그 일을 시작부터 잘한다고 가정해봅시다. 물론, 약간의 재미는 남다를 수 있겠지만 '별 것 아니네'라는 생각을 가지게 되어 흥미 잃을 가능성이 매우 큽니다. 참 신기하지요. 매사에 어렵다 힘들다 불평하면서도, 막상 쉽고 만만한 일 하게 되면 별로라 여깁니다.

인간의 유전자에는 스토리텔링 요소가 포함되어 있습니다. 목표가 있고, 목표를 방해하는 요소들이 있으며, 그 방해물들을 "간신히" 돌파하는 과정에서 성취감과 희열을 느끼는 겁니다. 그러니, 우리 앞에 닥치는 모든 고난과 역경은 성장과 발전을 극대화하여 행복과 기쁨 느끼도록 하겠다는 신의 설계라 할 수 있습니다.

힘들고 어려운 일을 할 때는 배움에 대한 욕구를 갖게 됩니다. 배움을 향한 갈망은 공부로 이어집니다. 공부는 사람을 알게 하고 깨닫게 하고 생각하게 합니다. 그렇게 알게 된 내용을 다시 도전에 적용합니다. 힘들고 어려운 일을 조금씩 수월하게 할 수 있게 됩니다. 능숙할 정도가 되면, 또 다른 새로운 일에 도전합니다. 이것이 우리가 살아가는 방식입니다.

힘들고 어렵다 불평만 할 것이 아니라 공부해야 한다는 말입니다. 배우고 익히고 연습해야 합니다. 처음부터 술술 잘 풀리는 일을 하게 되면 아무것도 공부할 필요를 느끼지 못할 겁니다. 공부를 하지 않으면 배우고 익히지 못하고, 그런 시간이 지속되면 '무지'에 빠져들고 말지요.

무지한 사람과는 대화조차 통하지 않습니다. 뭘 잘 모르기 때문에 답답하고요. 자신이 아는 것만 고집하기 때문에 소통 자체가 불가합니다. 무지한 사람들의 치명적인 약점은, 그들 스스로 무지하다는 사실 자체를 전혀 모른다는 사실입니다. 공부할 리 만무하지요. 세상과 인생에 대해 아무것도 모른 채 물 위에 둥둥 떠다니는 부목 같은 삶을 살아가게 될 겁니다.

힘들어야 배울 수 있습니다. 어려워야 공부할 수 있습니다. 경험 부족한 새로운 일에 도전하는데 당연히 어렵고 힘들겠지요. 불평과 불만이 그 일을 하는 데 있어 아무런 도움이 되지 않는다는 사실을 빨리 깨달아야 합니다.

글 쓰기가 힘들다 어렵다 불평하는 사람 많습니다. 재미있는 얘기 하나 해드릴까요? 글 쓰기가 힘들다 어렵다 불평하는 사람 중 상당수가 "쓰지 않는다"는 사실입니다. 와우! TV에 나올 일이지요. 안 쓰면서 뭐가 힘들다는 건지 신기할 따름입니다.

열심히 공부하고 노력하는 사람은 "힘들다, 어렵다" 불평하지 않습니다. 이미 "하고 있기" 때문에, 극복하고 이겨내고 해내는 데에만 초점을 맞춥니다. 노는 사람이 말이 많지요. 땀 흘리는 사람은 잡생각도 하지 않고 투덜거리지도 않습니다.

지금 하는 일이 힘들고 어렵다면, 배우고 공부할 기회라고 여겨야 합니다. 계속 같은 방식으로만 하려고 들지 말고, 배우고 익혀서 새로운 방법을 적용하고 시도해봐야 합니다. 그런 과정에서 실력도 늘고 노하우도 생기는 법입니다.

무슨 일을 하든 "하면서 배워야" 하고, "배우면서 해야" 합니다. 둘 다 동시에 해야 한다는 뜻입니다. 이 또한 인간의 타고난 성능이지요. 걸음마를 생각해 보면 알 수 있습니다. 책으로 배운 후에 걷는 게 아니라, 다 걷고 난 후에 피드백 받는 게 아니라, 걸으면서 배우고 배우면서 걷습니다. 일하는 자체가 공부가 되어야 하고, 글 쓰는 행위 속에서 익혀야 하며, 살아가는 내내 깨달아야 합니다.

글쓰기 수업 열심히 듣고, 글은 자기 마음 대로 쓰는 사람 종종 있는데요. 배움과 삶이 따로 놀기 때문에 일어나는 현상입니다. 긍정적

어텐션

으로 생각해야 한다는 문장에 밑줄은 열심히 그어 놓고, 돌아서서 불평 불만만 쏟아내는 꼴이죠. 공부와 일상이 하나로 움직여야 성장과 발전 이뤄낼 수 있습니다. 그 속도도 빠르고요.

세상은 발전하고 갈수록 복잡해질 겁니다. 그야말로 혼돈의 연속입니다. 이럴 때 우리가 해야 할 일이 바로 공부입니다. 책도 읽고 글도 쓰고 사색도 해야 합니다. 자기 중심이 딱 잡혀 있는 사람은 세상이나 주변 사람들이 어떻게 움직이든 휘둘리지 않고 살아갈 수 있습니다. 이제, 공부해야 할 때입니다.

인생이 뜻대로 풀리지 않을 때

희망과 기대는 우리를 움직이게 만듭니다. 환한 미래를 그리며 열심히 일하고, 때로 밤을 새우거나 밥을 굶기도 하지요. 원하는 대로 일이 착착 진행될 때는 기분도 좋고 의욕도 넘치지만, 뜻대로 풀리지 않을 때는 실망과 좌절을 경험하게 됩니다. 문제는, 일이 술술 풀릴 때보다 뜻대로 되지 않을 때가 더 많다는 사실입니다.

맨 처음 글을 쓸 때 참 힘들었습니다. 작가가 되겠다는 결심을 했는데 쓰면 쓸수록 이게 글인가 싶었지요. 저는 두 가지를 실천했습니다. 첫째, '나는 작가다'라는 생각에 추호도 의심 갖지 않았습니다. 책을 출간하기도 전부터, 그러니까 한창 막노동판에서 일할 무렵에조차 누가 무슨 일 하냐고 물으면 "작가입니다!"라고 당당하게 답했습니다. 저서도 없는 사람이 무슨 작가냐고 비웃는 사람도 있었겠지만, 그런 건 중요하지 않았습니다. 자신을 믿는 마음이 꿈을 이루는 가장

어텐션

중요한 요소라는 걸 결코 잊지 않았습니다.

둘째, 작가처럼 생각하고 말하고 행동했습니다. 누군가와 대화를 할 때면 이것도 써야겠다 생각했습니다. 공사판에서 삽질을 할 때도 이것도 써야겠다 마음 먹었지요. 밥을 먹을 때도 쓰겠다 생각했고, 버스를 탈 때도 쓸 수 있다 생각했습니다. 작가는 쓰는 사람이고, 나는 작가이기 때문에, 어떤 사건이나 소재도 쓸 수 있다고 확신을 가졌습니다.

신경쓰지 않고 살았을 때는 글쓰기가 어렵기만 했습니다. 눈을 크게 뜨고, 귀를 활짝 열고, 온 정신을 기울여 쓰겠다 덤비니까 글 쓰는 재미가 생기기 시작했지요. 글을 쓰면서 얻게 된 통찰을 인생에도 적용하기 시작했습니다.

세상으로 다시 돌아왔을 때, 돈이 하나도 없었습니다. 갑부까지는 아니더라도, 적어도 먹고살 만큼은 벌어야겠다 생각했습니다. 첫째, '나는 부자다!'라는 확신을 가졌고요. 둘째, 부자처럼 생각하고 말하고 행동했습니다. 부자는 늦잠 자지 않습니다. 부자는 자기 투자를 아끼지 않고요. 부자는 당당합니다. 부자는 공부합니다. 부자는 책을 읽지요. 부자는 불평하지 않습니다. 부자는 자신감 넘칩니다. 온 마음을 기울여 부자가 '된 것처럼' 살았더니 이제 먹고살 만해졌습니다.

강의를 시작하기도 전부터 강사가 된 것처럼 살았습니다. 혼자 허공에 대고 강의했습니다.

"반갑습니다. 저는 전과자입니다. 파산자이고, 알코올 중독자였습니다. 막노동 하며 살고 있습니다. 그랬던 제가, 글을 쓰고 책을 출간했습니다. 제 경험을 바탕으로 누구나 글을 쓸 수 있다는 사실을 여러분에게 전하려 합니다."

자다가도 벌떡 일어나 줄줄 외울 정도로 세 시간짜리 강의를 연습하고 또 연습했습니다. 그래서 제 강의에는 "음… 저기… 그게…" 등등의 망설임과 주저함이 한 마디도 없습니다.

작가가 되고 싶어요!
부자가 되고 싶어요!
강사가 되고 싶어요!

시작부터 위태롭습니다. '되고 싶다'는 말은 아직 '되지 못한' 자신을 인정한다는 뜻이니까요.

나는 작가다!
나는 부자다!
나는 강사다!

당당하게 외치고 살아야 합니다. 그에 어울리는 생각과 말과 행동을 하면서 뇌가 알아서 움직이도록 '나'라는 인간 자체를 통째로 바꾸는 겁니다.

"부자가 아닌데 어떻게 부자라고 생각합니까?" 네, 당연한 질문입니다. 하나 묻겠습니다. 일어나지도 않은 일에 대해 걱정하고 염려한 적 있나요? 사소한 일을 크게 여기며 안절부절한 적 있나요? 별일도 아닌데 죽겠다, 미치겠다, 툴툴거린 적 있나요? 거지가 아닌데도 거지처럼 생각하고 말하고 행동했습니다. 시체가 아닌데도 시체처럼 생각 없이 누워 지냈습니다. 바보가 아닌데도 엉뚱한 생각과 말과 행동을 하면서 시간을 낭비했습니다. 지금 제가 드린 이야기에서 완벽히 자유로울 수 있는 사람 아마 없을 겁니다. 그러니까 이제, 부자가 아닌데도 부자인 것처럼. 작가가 아닌데도 작가인 것처럼. 강사가 아닌데도 강사인 것처럼. 꿈을 이루지 못했지만 이룬 것처럼. 그렇게 살아도 됩니다. 아니, 그렇게 살아야 합니다!

신경언어프로그램(NLP)의 가장 기본은 '흉내 내기'입니다. 내가 바라는 꿈을 이미 이룬 사람을 찾아 모델로 삼고, 그의 생각과 말과 제스처를 따라 하면 똑같은 성과를 낼 수 있다는 이론이지요. 불가사리는 밤하늘의 별을 흉내 내다가 바닷속 별이 되었다 합니다.

작가가 되는 것보다 더 중요한 것은 작가의 삶을 누리는 겁니다. 부자가 되는 것보다 더 중요한 것은 부자처럼 사는 거고요. 강사가 되는 것보다 더 중요한 것은 다른 사람 돕는 겁니다. 껍데기 잡으려고 발버둥치지 말고, 본질을 놓치지 말아야 합니다.

작가처럼 생각하고
부자처럼 말하고
강사처럼 행동하라!

오늘도 당당하게 살아갑니다.

애쓰지 말고 글쓰기, 낙서의 효과

잘 쓴 글을 보면 부럽습니다. 나도 이런 멋진 글을 쓰고 싶다는 생각을 하게 됩니다. 노트북을 열고 글을 쓰기 시작합니다. 몇 줄 쓰다 보면, 좀 전에 읽은 '잘 쓴 글'과 '내 글' 사이에 큰 차이가 있다는 사실을 알게 됩니다. 실망하고 좌절합니다. '잘 쓴 글'과 '내 글' 사이 가장 큰 차이점은 '생각'입니다. 글은 생각을 받아적은 결과입니다. 생각이 반듯하고 독특하며 우수하면 글도 좋습니다. 생각이 엉켜 있거나 부정적이면 글도 형편없습니다.

그렇다면, 어떻게 해야 '좋은 생각'을 하고 '좋은 글'을 쓸 수 있는 것일까요? 지난 10년간 매일 닥치는 대로 글을 써본 결과, 누가 뭐래도 '낙서'가 최고란 사실을 알게 되었습니다. 저는 '낙서의 힘'에 한 치의 의심도 없습니다.

행동에 주목하라

첫째, 빈 종이에 마구 적습니다. 좋은 생각이 좋은 글을 만든다고 해서 종일 생각만 하려는 것은 어리석은 방법입니다. 좋은 생각은 그 냥 만들어지지 않습니다. 단어야말로 아이디어를 떠올리게 만드는 최고의 도구지요. 빈 종이를 꺼내놓고 떠오르는 단어를 마구 적습니다. 혼자서 하는 브레인 스토밍이라 하지요. 글을 써야 한다는 강박을 내려놓고, 머릿속에 둥둥 떠다니는 단어 혹은 구절을 있는 그대로 적어봅니다. 희안하게도, 빈 종이에 단어들이 하나씩 채워지는 순간 생각도 단어들의 뒤를 이어갑니다. 그러다 보면 어떤 내용의 글을 쓰면 좋겠다는 생각이 떠오르게 됩니다. 낙서할 때 주의할 점은, 이 낙서를 어딘가에 어떻게 사용할 것이라는 전제를 하지 말아야 한다는 사실입니다. 목적을 갖고 하는 낙서는 인위적입니다. 그러면 생각을 떠올리기가 쉽지 않습니다.

둘째, 독서 노트를 적습니다. 독서 노트를 낙서라고 표현하는 것에 반론을 펼치는 이들이 많을 것으로 짐작됩니다. 허나, 저는 개인적으로 가장 좋은 낙서의 형태가 독서 노트라고 믿습니다. 책을 읽고 관련 내용을 적습니다. 기준이 있습니까? 형식이 있나요? 기준과 형식을 미리 정하고 그 틀에 맞춰 노트를 작성해야 한다고 생각하는 사람도 많겠지만, 아무런 기준이나 형식 없이 그냥 읽은 책에 대해 마구 적는 것도 아무런 문제가 없습니다. 책 내용을 잘 정리하는 게 중요한 게 아니라, 내 머릿속 생각을 잘 정리하는 게 중요합니다. 독서

어텐션

노트의 핵심은 줄거리 베껴 쓰는 게 아닙니다. 책 속 내용을 바탕으로 내 생각을 정립해 나가는 것이 중요하지요. 독서 노트도 효과적인 낙서임이 분명합니다.

셋째, 템플릿 스케치를 합니다. 한 편의 글을 쓸 때는 적절한 양식으로 구성해둔 템플릿을 이용하는 것이 도움됩니다. 그런데, 많은 사람이 템플릿 구성에다 바로 글을 쓰는 걸 볼 수 있는데요. 그렇게 하면 빈 종이에 바로 글을 쓰는 것이나 다를 바가 없습니다. 템플릿이 다섯 개의 빈 칸으로 구성되어 있다면, 바로 글을 쓸 것이 아니라 빈 칸에 스케치부터 해야 합니다. 이것을 또 다른 낙서라 부르는 것이지요. 첫 단락에는 어떤 내용을 쓰고, 두 번째 단락에는 무엇을 쓰고, 세 번째 단락에는 어떤 예시를 들고⋯ 이런 식으로 한 편의 글을 몇 가지 내용으로 채울 것인가 미리 낙서를 해두면, 글 쓰기가 한결 수월해집니다. 블로그 포스팅을 예로 생각해봅시다. 단편적인 아이디어가 떠올랐다고 해서 바로 글을 쓰면, 아무래도 내용이 허술하거나 논점에서 벗어날 가능성이 큽니다. 옆에 빈 종이에다가 순서대로 어떤 내용을 포스팅할 것인가 낙서부터 하고, 그걸 보면서 글을 쓰면 훨씬 낫겠지요.

글 쓰기도 힘든데 언제 낙서까지 하면서 쓰느냐 불만의 목소리도 들리는 듯합니다. 30초면 됩니다. 1분이면 충분합니다. 낙서 먼저 하고 글을 써보세요. 한 번만 해 보면, 낙서 먼저 하고 글 쓰는 것이 이래서 좋은 거구나 느낄 수 있을 겁니다.

준비하는 데 시간 너무 많이 씁니다. 생각하느라 애를 너무 많이 씁니다. 글 쓰는 사람은 손가락 움직이지 않으면 헛방입니다. 작은 수첩 하나 준비해서 종일 뭐라도 끄적거리다 보면, 책상 앞에 앉았을 때 머리보다 손을 더 많이 사용하게 될 겁니다.

노트북 펼쳐놓고 타닥타닥 글 쓰는 모습 보기 좋지요? 저도 그렇게 '작가처럼' 글 쓰고 싶다 생각 많이 했습니다. 그런데요. 글을 잘 쓰는 사람 대부분은 낙서부터 합니다. 뭐가 있으니까 그렇게 술술 잘 쓰는 것이지요.

낙서부터 하십시오. 부담도 없고, 누가 검사도 하지 않습니다. 낙서장만 모아도 콘텐츠가 될 겁니다.

지속하는 힘, 끈기

지금 시대 딱 한 가지 키워드 고르라면 단연코 '끈기'입니다. 지난 8년간 수많은 사람 만나고, 제 인생 일으키기 위해 최선을 다하는 동안 깨달았습니다. 다들 말도 많고 탈도 많지만, 오랫동안 꾸준히 지속하는 사람을 찾아보기가 힘들었지요. 끈기 있게 계속하기만 하면 무슨 일이든 이뤄낼 수 있다는 사실을 명백히 확인했습니다.

강의 시간에 입이 닳도록 얘기합니다. 시작한다, 계속한다, 끝장을 본다! 재고 따지고 계산하는 건 시작하기 전에 해야 할 일입니다. 일단 시작했다면, 생각은 접고 무조건 계속해야 합니다. 셀프 피드백을 통해 다양한 방법으로 시도해야 하지만, 어쨌든 멈추는 일은 결코 없어야 합니다. 멈추지 말고 계속하라고 하면, 사람들은 일단 제 말을 믿고 노력합니다. 그런데, 얼마 못 가 하소연합니다. 계속하려 했으나 이런 저런 이유로 포기하고 말았다고, 다른 일을 찾기로 했다고 말이죠.

지속하는 힘에 대해 말씀드리겠습니다. 어떻게 해야, 어떤 마음을 가져야 계속해 나갈 수 있는지 다섯 가지 방법을 정리합니다.

첫째, 책임감 있어야 합니다. 책임질 사람부터 만들어야 합니다. 남자는 결혼하고 가정 꾸리면 아무래도 책임감이 강해집니다. 그러나, 가족에 대한 책임만으로는 부족합니다. 시간이 흐를수록 가족도 만만해지기 때문입니다. 나에게 어깨를 기대 인생 도움을 받고자 하는 이들을 많이 만들어야 합니다. 저는 [자이언트 북 컨설팅]을 운영하고 있는데요. 많은 이들이 제 삶을 지켜보고, 본받으려 하고, 배우려 합니다. 제가 무너지면 그 많은 사람들 몽땅 흔들린다는 얘기죠. 천지가 개벽을 해도 저는 멈출 수가 없는 것입니다. 사람들은 저한테 도움을 받는다고 하지만, 이런 이유에서 볼 때 제가 그들 덕분에 성장했다고 말하는 것이 더 맞는 표현일 겁니다. 책 쓰고 강의하면서 나를 믿고 따르는 팬덤 만들어야 합니다. 나의 경험과 역량으로 타인을 도울 수 있는 가치 있는 삶을 실현할 수 있고요. 나를 믿고 따르는 이들 덕분에 책임감 갖고 계속할 수 있습니다.

둘째, 매일 생각하는 시간을 가져야 합니다. 무조건 열심히 한다는 말에 찬성합니다. 하지 않는 사람보다 훨씬 나으니까요. 허나, 한 가지 더 했으면 좋겠습니다. 하루에 한 번 멈춰야 합니다. 혼자 가만히

어텐션

앉아 자신을 돌아보는 시간을 갖는 것이죠. 내가 가고 있는 길이 맞는가? 오늘 나는 어떤 생각과 말과 행동을 했는가? 그것이 나를 믿고 따르는 이들에게 어떤 도움을 주었는가? 내 인생 전체를 볼 때, 오늘은 어떤 의미와 가치를 갖는가? 단순한 반성에서 그치는 게 아니라, 앞으로 어떻게 살아야 할지 내다볼 수 있는 성찰의 시간을 갖는 것입니다. 나름 열심히 하는데도 별 성과를 이루지 못하는 사람 많은데요. 대부분 이 생각하는 시간을 갖지 않기 때문입니다. '점검'을 해야 고장 없이 잘 달릴 수 있는 법이지요. 제가 오죽하면 일기를 '신이 내린 축복'이라고까지 표현했겠습니까. 무너지지 않는, 탄탄한 성을 구축하는 가장 근본적인 동력은 '지금의 나'를 살피는 행위임을 잊지 말았으면 좋겠습니다.

셋째, 공부해야 합니다. 현실에서 공부란 어떤 행위를 뜻할까요? 책을 읽어야 합니다. 읽은 내용을 정리합니다. 그런 다음, 자기 생각을 써봅니다. 일상에서 일어나는 모든 일들을 요약하고 정리합니다. 중간중간 느낌과 감정도 기록합니다. 읽고, 쓰고, 생각하고, 또 쓰고. 이런 행위의 반복이 최고의 공부입니다. 문제는, 이러한 공부가 즉시 효과를 발휘하지 않는다는 사실입니다. 할 때는 열심히 하지만, 돌아서면 내가 뭘 하고 있는 건가 회의에 빠지기 쉽지요. 세상 모든 성취는 그 뒤에 보이지 않는 노력이 있었다는 사실을 잊고 살아가는 것 같습니다. 혼자 있는 시간에, 당장은 아무도 알아주지 않는 땀과 노력의 가치를 결코 소홀히 여겨서는 안 됩니다. 어느 날 갑자기 짠 하고 성공하는 사람은 한 명도 없습니다. 그럴 수 있다는 과장 광고에 현혹되는, 유치원생 같은 마인드를 빨리 버려야 합니다.

넷째, 행위의 반복이 목표보다 먼저여야 합니다. 성공하기 위해 미라클 모닝을 하는 게 아니라, 미라클 모닝을 하다 보면 성공하는 것이죠. 많은 사람이 반대로 합니다. 일단 성공하겠다는 목표부터 정하고, 그런 다음에 알람을 맞추지요. 그러니, 자꾸만 성과를 확인하고 점수를 채점하게 되는 겁니다. 한번 생각해 보세요. 미라클 모닝을 한 달 했다고 해서 무엇이 얼마나 달라질까요? SNS에는 한 달 두 달 미라클 모닝 실천해서 인생 엄청나게 달라졌다는 듯 주장하는 글이 많이 올라오는데요. 저는 믿을 수 없습니다. 지난 10년간 새벽 4시 기상, 하루 4시간 수면을 지독하게 실천하고 있습니다. 목숨 걸고 실천해도 10년 걸리는 일을, 어떻게 한두 달만에 이룬다는 말인지 이해할 수가 없습니다. 목표를 달성하고 싶은 간절한 심정은 충분히 이해합니다. 하지만, 인생은 그리 만만한 게 아니죠. 실행과 반복이 꾸준히 이어져 누적되어야만 폭발적인 효과가 나타납니다. 이 정도면 됐나? 얼마나 됐나? 별로 하지도 않고 성과만 측정합니다. 헬스클럽 불과 며칠 다녀놓고 계속 거울만 보는 거지요. 운동하는 시간보다 거울 보는 시간이 더 많습니다. 결과에만 연연하면 지속할 수 없습니다. 책한 권 쓰는 것만 전부라 여기는 사람은, 달랑 한 권 쓰고 나면 흔적도 없이 사라집니다. 해봐도 별것 없다고 여기는 것이죠. 일곱 권쯤 출간하고 나니까, 변화와 성장이 이런 거구나 확실히 알게 되었습니다. 그 속도도 엄청나고요. 무슨 일이든 꾸준히 지속해서 수문을 활짝 열어야 성공과 행복이 동시에 콸콸 쏟아질 수 있습니다.

다섯째, 절대 양보할 수 없는 자기만의 원칙을 세워야 합니다. 글 쓰고 책 읽는 시간에는 그 무엇의 방해도 받지 않습니다. 절간처럼 고요한 곳에서 쓰고 읽는다는 말이 아닙니다. 누가 무슨 말을 해도 내 삶으로의 침범을 허용하지 않는다는 뜻입니다. 어떤 환경과 조건이 나를 방해해도, 나 자신이 방해받지 않는다는 의미입니다. 상처는, 내가 상처로 인정할 때만 상처가 됩니다. 똑같이 비가 내려도, 어떤 날은 운치가 있고 다른 날에는 짜증이 납니다. 비 탓이 아니라 내 마음이 문제인 거죠. 방해받는다고 느낄 때에만 방해가 됩니다. 속상하다 싶을 때에만 속이 상한 겁니다. 밖에서 일어나는 온갖 잡다한 문제들이 내 삶을 가로막은 이유나 핑계가 되어서는 안 됩니다. 고작 그까짓 것들이 나를 막는다고요? 내가 그렇게 작은 존재인가요? 5분만 더 자고 싶은 충동이 일어나겠다는 나를 가로막습니까? 그런 정도의 빌런은 가뿐하게 발로 차버릴 수 있어야 성공과 행복을 말할 자격 있지 않겠습니까.

분야마다 나름의 노하우와 기술이 있겠지요. 하지만, 어떤 스킬보다 강력한 힘은 꾸준함입니다. 매일 치열하게 운동해서 근육 만들어 놓으면 잔기술은 얼마든지 극복할 수 있습니다. 한두 개 루틴을 정하고, 매일 실행하고 반복하십시오. 누가 무슨 말을 해도 귀 딱 닫고, 오직 자신을 믿고 나아가길 바랍니다. 시간이 얼마나 남았든, 한 번은 이겨 봐야지요.

학습 경험, 경고, 그리고 끝장

이번 달에는 반드시 책을 쓰기로 작정했습니다. 그런데, 하루 이틀 지나도 시작조차 못했습니다. 결심을 하고 계획을 세웠으나 진행하지 못했고, 목표 근처에도 이르지 못한 이러한 경험을 '실패'라고 부릅니다. 첫 실패지요. 인생은 여러 번의 실패를 거쳐 성공을 향해 나아가는 과정이라고 정의할 수 있습니다. 문제는, 첫 실패를 어떻게 다루는가에 달려 있지요.

첫 실패를 다른 말로 표현하면 '학습 경험'이라 할 수 있습니다. 원인은 무엇인가? 무엇이 부족했는가? 어떤 다른 방법을 동원할 수 있는가? 마음가짐은 어떻게 달라져야 하는가? 이 모든 것들이 실패에 관한 분석입니다. 무슨 일이든 원인을 제대로 알면 해결이 가능합니다. 처음부터 성공만 하는 사람보다, 실패를 경험한 사람이 더 많이 알고 더 크게 성장하는 법입니다.

그러니까, 어떤 일에 첫 실패를 경험했다면, 가장 먼저 해야 할 일은 실패 분석이라는 말입니다. 그런 다음, 새로운 목표와 계획을 세워서 다시 도전하면 됩니다. 실망하고 좌절하고 절망하면서 시간을 낭비할 게 아니라, 배우고 깨달은 바를 정리한 후 즉시 재도전하는 것이 더 탄탄한 성공을 이루는 최선의 방법입니다.

다시 도전합니다. 결심하고 계획 세워 새로운 마음가짐으로 출발하는 것이죠. 그런데, 두 번째 도전에서도 실패하는 경우가 있습니다. 여러 가지 이유가 있겠지요. 첫째, 첫 실패에 대한 원인을 잘못 분석한 탓입니다. 둘째, 목표 자체가 절실하지 않은 탓입니다. 셋째, 게으르고 타성에 젖은 자신의 태도를 바꾸지 못한 탓입니다.

두 번째 실패를 대하는 마음가짐은 조금 달라야 합니다. 첫 실패는 '학습 경험'이라 했습니다. 두 번째 실패는 '경고'입니다. 더 이상 물러설 곳이 없습니다. 배수진을 치고, 각성을 해야만 합니다. 한번 해 보고, 아니면 말고, 또 생각나면 한번 해 보고, 실패하면 말고… 이런 자세로는 어떤 일을 해도 소용 없습니다. 맨 처음으로 돌아가서, 결단 자체부터 다시 점검해야 합니다.

KFC 할아버지 이야기를 예시로 들면서, 수없이 많은 실패 끝에도 포기하지만 않으면 반드시 성공할 수 있다는 메시지를 자주 접하는데요. 저는 개인적으로, 우리 현실에 맞지 않는 이야기라고 생

어텐션

각합니다. 지금을 살아가는 사람들이 1천 번의 실패를 감당하는 것은 현실적으로 불가능한 이야기입니다. 냉철하게 판단해서, 두 번 정도의 실패 정도만 인정하는 것이 지극히 현실에 맞는 태도가 아닐까 생각합니다.

자, 이제 우리는 세 번째 도전을 시작합니다. 위에서 저는, '배수진'을 쳐야 한다고까지 말씀드렸습니다. 이번에는 '실패'라는 단어조차 생각지 말아야 합니다. 마지막 기회입니다. 자신의 모든 것을 쏟아부어서 반드시 이뤄내야 합니다. 목표 달성에 약간 못 미칠 수도 있습니다. 기대한 만큼의 성과를 이루지 못할 수도 있습니다. 그럼에도, 반드시 끝을 맺어야 합니다. 결승점을 통과해야 다음에 다른 도전도 할 수가 있습니다.

만약 누군가 세 번째 도전에서도 실패했다면, 이제는 '끝장'이라는 단어를 사용해야 합니다. 이 목표는 자기 것이 아니라고 생각하고 과감하게 내려놓을 줄도 알아야 합니다. 제가 가장 이해하기 힘든 사람들이 고시원에서 4수 5수 공부하는 친구들입니다. 물론, 그들의 꿈과 목표는 충분히 인정합니다. 하지만, 지금 세상은 굳이 한 가지만을 고집해야 하는 그런 곳이 아니지요.

청춘이라는 무기를 가진 친구들. 할 수 있는 일이 얼마나 많겠습니까. 판검사 아니라도, 얼마든지 돈 잘 벌고 보람 있게 살아갈 방법 많이 있습니다. 공부와 맞지 않는 사람도 있게 마련이지요. 재빨리 판단하고 선택해서 자기만의 길을 찾는 것이 안 되는 공부 붙잡고 있는 것보다 훨씬 낫다고 생각합니다. 어디까지나 저의 개인적인 생각에 불과하지만 말이죠.

책을 쓰겠다고 마음먹고 도전을 시작하는 사람이라면, 세 가지 단계 안에서 승부를 봐야 합니다. 한 번 실패했을 때, 원인을 정확하게 분석하고 최대한 빠른 시간 내에 재도전을 해야 합니다. 두 번 실패할 수도 있지요. 각성해야 합니다. 배수진을 쳐야 합니다. 이제 더 이상의 실패는 없다는 각오로 임해야 합니다.

그럼에도 세 번째 또 실패했다면, 이제는 책을 쓰는 일이 자신과 어울리지 않는다는 냉철하고도 비장한 결단을 내려야 합니다. 이런 결단을 마치 '포기'처럼 여기고 도저히 그렇게는 할 수 없겠다 싶은 사람이라면, 이전 두 번째 도전에서 최선을 다했어야 합니다. 최선을 다했는데도 실패했다는 말을 함부로 해서는 안 됩니다. 그런 일은 없습니다. 변명과 핑계는 첫 실패에서만 할 수 있습니다.

학습 경험, 경고, 끝장! 바로 이 세 가지 단계가 지금의 저를 만들었습니다. 저는 시작이 늦었거든요. 나이 마흔 넘어 새로운 삶을 시작했습니다. 그것도 인생 바닥에서부터 말이죠. 시간도 없었고 기회도 없었습니다. 첫 실패가 너무도 가혹했고 잔인했던 탓에, 두 번째 시도에서 목숨을 걸어야 했습니다. '마지막 기회'라는 생각은 사람을 각성에 이르게 합니다. 이 정도 생각을 할 수 있어야 뭔가 달라지기 시작합니다.

지금은 다양성의 시대입니다. 할 수 있는 일도 많고, 할 수 있는 기회도 적지 않습니다. 그러다 보니, 많은 사람들이 이 일 저 일에 발을 걸쳐 판만 벌려 놓고 있습니다. 무엇 하나 끝까지 승부를 내는 경우는 찾기 힘들고, 다들 이것저것 집적거리며 간만 보는 것이지요. 그러면서 스스로 열심히 살고 있다 착각에 빠지곤 합니다.

시작만 합니다. 계속하고 끝내는 일은 거의 없습니다. 기분 나쁘다고 회피할 게 아니라, 자신을 직시할 수 있어야 합니다. 계속하지 못하고 끝을 보지 못하는 경우를 '실패'라 부른다는 사실에서 고개를 돌리지 말아야 합니다.

N잡러라는 말이 유행입니다. 착각하면 안 됩니다. N잡러는, 여러 가지 일을 "시작하고 계속하고 끝낸다"는 의미입니다. 여기도 살짝 저기도 집적거리면서 왔다 갔다 방황하는 사람을 N잡러라고 부르지는 않습니다. 한 가지 일을 하든, 두 가지 일을 하든, 열 가지 일을 하든, "시작하고 계속하고 끝낸다"는 생각을 결코 잊어서는 안 됩니다.

인간은 가능성의 존재입니다. 그러나, 가능성은 반드시 실행이라는 단어와 결합되었을 때에만 힘을 발휘합니다. 오늘 무엇을 시작했는가? 오늘 무엇을 계속했는가? 오늘 무엇을 끝맺었는가? 하루가 저물 때면, 적어도 이 세 가지 질문 중에서 하나는 답을 할 수가 있어야 합니다.

자기계발 시장에 몸담고 있는 사람이라면, 누구나 성장과 발전에 관심을 갖고 있다고 봐야 합니다. 달라지길 원하는 것이죠. 더 높은 곳에 이르길 갈망한다는 뜻입니다. 마음으로 바라기만 하면서 실제로 행동하지는 않고 있다면, 그것은 어떤 말로 변명하고 핑계 대도 결국 "나태와 욕심과 두려움"이라는 말로밖에 설명할 수가 없습니다.

열심히 노력한다는 것은 말처럼 쉽지 않습니다. 허나, 그 피나는 노력 끝에 만나게 되는 성과와 변화는 기쁨이자 행복입니다. 눈앞의 달콤함에 무너지는 사람은 나중에 반드시 사막을 만나게 될 테고요. 사막의 거친 모래바람에 맞서 매일 꾸준히 한 걸음씩 내딛는 사람은 나중에 반드시 청량한 삶을 만나게 될 겁니다.

한 번 실패했을 때는 학습 경험으로 삼아야 합니다. 두 번 실패했을 때는 자신에게 경고를 날려야 합니다. 세 번 실패했을 때는 방향을 달리 해야 합니다. 인생 목표를 바꾸고 싶지 않다면, 세 번의 시도 안에서 끝장을 봐야 합니다.

결심, 그리고 행동

글을 써야겠다고 결심했습니다. 그리고 썼습니다. 책을 읽어야겠다고 마음먹었지요. 그러고는 책을 읽었습니다. 한 치의 망설임도 없었고, 잠시의 머무름도 없었습니다. 펜과 노트, 그리고 책. 감옥에서 1년 6개월 동안 잠시도 손에서 내려놓지 않았습니다. 그 습관은 지금까지 이어지고 있습니다.

그전까지의 제 삶을 짚어보자면, 결심에서 행동으로 이어지기까지 꽤 많은 시간이 소요됐음을 고백합니다. 가족들과 여행을 가기로 결심해놓고 어영부영 수년씩 흘려보내기 일쑤였습니다. 운동하겠다고 결심해놓고 허구헌날 다음으로 미루곤 했지요. 영어 공부는 결심만 수백 번이었습니다. 하다못해 아들과 목욕 가는 것조차 차일피일 미루며 살았으니까요.

4월 22일. 지금도 선명하게 기억합니다. 그날은 월요일도 아니었고, 1일도 아니었고, 새해도 아니었습니다. 그냥 그날이었지요. 제가 글을 쓰기 시작한 날입니다. 처음으로 책을 펼친 날이었지요. 동시에, 글을 쓰겠다, 책을 읽겠다 결심한 날이기도 합니다. 다음 날로 미루지 않았습니다. 다음 주에, 다음 달에, 새해가 되면…. 그렇게 재고 따지지 않았습니다. 결심과 동시에 실천했습니다. 그때 제가 크게 깨달은 바가 한 가지 있습니다. 결심과 동시에 행동하는 것. 그게 가장 쉽다는 사실입니다.

결심만 하고 행동하지 않는 경우, 결심 없이 행동만 앞선 경우. 두 가지 모두 바람직하지 않습니다. 확고한 결심만이 행동을 촉발할 수 있습니다. 즉각적인 실천과 행동만이 현실을 변화시킬 수 있지요. 결심과 행동. 이 두 가지는 늘 하나여야 합니다. 항상 결심만 앞선 사람은 절실함이 부족한 사람입니다. 스스로에 대해 비관하기 쉽지요. 자신은 항상 결심만 하고 뭔가 제대로 이루어놓은 게 없다며 한탄합니다. 아무 생각 없이 행동부터 저지르는 사람은 실수하고 실패하기 쉽습니다. 행동을 통제할 만한 방향키를 갖고 있지 않기 때문입니다. 어느 한쪽만 가지고는 아무것도 이룰 수 없습니다. 반드시 두 가지 모두 함께 이루어져야 합니다. 마음속에 뭔가 해야겠다는 결심이 서면, 즉시 행동으로 옮기는 습관을 길러야 합니다.

글을 써야겠다는 결심을 하면 당장 글을 쓰는 거지요. 그런데, 이보다 더 큰 그림도 가능합니다. 부자가 되겠다는 결심, 멋진 여자를

어텐션

만나겠다는 결심, 건강한 몸을 갖겠다는 결심, 근사한 인생을 살겠다는 결심…. 이 모두가 가능하다는 애기입니다. 그 최초의 시작이 바로 "결심"이며, 다음은 그에 따른 "행동"입니다.

부자가 되겠다는 결심을 하고 나면, 그다음에 어떻게 해야 하는지 방법을 몰라 행동하지 못한다는 사람들이 많습니다. 어떻게라는 방법은 생각보다 중요치 않습니다. 결심 자체가 확고하면 방법은 어떻게든 찾게 되어 있으니까요.

결코 이대로 무너지지 않겠다. 내가 할 수 있는 일을 찾아 죽기살기로 파고들겠다. 이것이 저의 첫 번째 결심이었습니다. 글을 써야겠다는 방법적 부분은 그다음에 생각난 거지요. 어떤 결심이든 확고하고 단호하게. 주먹으로 책상을 내려치듯 강하게 내려야 합니다. 책이나 좀 읽어볼까? 이런 건 결심이라 할 수 없습니다. 나도 작가가 되면 좋겠다. 이런 것도 결심이 되지 못합니다.

"책을 통해 내 운명을 바꾸겠다! 세상을 바꾸는 책을 쓰겠다!"

적어도 결심이라 하면, 생각할 때마다 가슴이 뜨거워지고 몸이 들썩여야 합니다. 마음속으로 쫑알거리는 것과 피가 솟구치는 결심을 혼동하지 말아야 합니다. 열흘 전의 결심이 열흘 동안 실천되고 있다면, 삶은 이미 크게 방향을 바꾸었다고 봐도 무방합니다. 중요한 것은 오늘, 지금 당장, 다시 결심하고 실천하는 겁니다. 1월 1일부터 시작하는 거라고 아무도 정하지 않았습니다. 그냥 오늘부터 시작해도 충분합니다. 지금부터 행동해도 얼마든지 도전하고 성취할 수 있습니다. 결심하십시오!

"최고의 인생을 살겠다! 결코 찌질한 삶을 받아들이지 않겠다!"

행동이 감정을 지배한다

지난여름, 아내와 사소한 말다툼을 한 적이 있습니다. 부부싸움이라 할 것까지는 아니었지만 찜통 같은 더위 탓에 짜증도 나고 기분까지 엉망이 되어버렸지요. 기분이 별로이다 보니 입맛도 떨어졌습니다. 식탁 앞에 앉아 몇 술 뜨는 둥 마는 둥 저녁을 마쳤습니다. 해야 할 일들이 많았지만, 손에 잡히지 않았습니다. 짜증과 분노는 사람을 참 무기력하고 힘들게 만드는 것 같습니다.

아주 어렸을 적부터 이런 경험을 많이 했습니다. 그래서 저는 늘 사람의 기분이 매사에 큰 영향을 미친다고 생각하며 살았고, 항상 유쾌한 기분을 유지하기 위해 노력했습니다. 과학적 근거가 되는 책을 접하면서 그런 생각이 나름 일리 있다고 믿게 되었지요. 사람의 행동은 심리상태에서 출발하며, 따라서 어떤 도전이나 성취를 위해서는 먼저 명확한 결심을 하고 열정을 불태우는 것이 중요하다는 사실. 저는 그렇게 믿고 살았습니다.

아내와 다툰 다음 날, 아침을 먹기 위해 식탁 앞에 앉았습니다. 여전히 입맛이 없어서 잠시 앉았다가 일어서려고 했습니다. 그런데 마침 아침식사의 메뉴가 눈에 딱 들어오네요. 아들에게조차 절대 양보하지 않는 메뉴! 오뎅볶음, 양배추쌈, 거기다 시원한 콩국에 우묵가사리까지…. 전날 저녁까지 굶은 상태라 갑자기 허기가 몰려왔습니다. 누가 보면 아침 식사 맞냐고 물을 정도로 가득 담긴 머슴밥을 두 공기나 해치웠지요. 땀을 뻘뻘 흘리며 아침 만찬(?)을 끝냈습니다.

여러 가지 책을 읽다보면 서로 상충되는 내용을 발견하기도 합니다. 마음이 우리의 행동을 좌우한다는 사실에 의심의 여지가 없었지만, 그 반대되는 상황도 얼마든지 연출할 수 있다는 사실도 알게 됐지요. 그 첫 번째 대표적인 책이 토니 라빈스의《네 안에 잠든 거인을 깨워라》입니다. 의도적인 행동을 통해 심리상태를 변화시킬 수 있으며, 나아가 우울증을 비롯한 정신 질환조차도 한순간에 치유할 수 있다고 주장합니다. 얼마 전 출간된 벤저민 하디의 저서《최고의 변화는 어디서 시작되는가》에서는 환경에 관한 이야기를 역설합니다. 개인의 의지력도 중요하지만, 그보다는 우리를 둘러싼 환경이 인생을 결정짓게 되며 그런 환경은 얼마든지 선택하고 조성할 수 있다고 말합니다. 핵심은, 인생을 결정짓는 요소는 오직 "행동"에 있다는 사실입니다.

어텐션

뭔가에 도전하고 노력하는데 주저함이 있다면, 혹시 이렇게 말하고 있지는 않은지 살펴봐야 합니다.

별로 내키지 않아.
지금은 그럴 기분이 아니야.
책 읽을 마음의 여유가 없어.
짜증나서 하기 싫어.

한 번쯤 생각을 바꿔볼 필요가 있습니다. 기분이 좋지 않아서 하지 않는 게 아니라, 일단 시작하고 도전함을 통해서 기분까지 바꿔보는 거지요. 아침에 일어나면 정말 눈을 뜨기가 싫습니다. 피곤하고 졸립니다. 그럴 때마다 힘들다는 내색하고 짜증을 부리다가 다시 이불을 뒤집어쓰는 것보다는, 당장 일어나 찬물에 머리를 담궈버리는 겁니다. 찬물에 머리 담그고 나면 잠도 깨고 기분도 상쾌합니다. 며칠만 계속하면, 아침마다 몸이 알아서 욕실로 걸어가고 머리가 알아서 찬물에 잠깁니다. 마치 좀비처럼 말이지요.

행동을 바꾸면
"자신의 정체성을 바꿀 수 있다."

– 벤저민 하디,《최고의 변화는 어디서 시작되는가》

짜증이 나고, 입맛이 떨어지고, 밥을 굶는다. 누구 손해일까요? 맞습니다. 저 혼자만 손해입니다. 일단 맛있게 밥을 먹는다. 배가 부르다. 기분이 좋아진다. 이렇게 사는 게 훨씬 낫겠지요? 우리의 행동이 감정 상태에 영향을 받도록 내버려두지 말아야 합니다. 감정은 본능이고 자연스러운 반응이지만, 그렇다고 해서 부정적인 감정 때문에 내 삶을 망칠 수야 없지 않겠습니까.

즉각적인 행동은 감정상태를 바꾸는 데 큰 도움이 됩니다. 머리를 찬물에 담그면 피곤한 마음이 싹 가시고, 밥을 맛있게 먹으면 기분이 좋아지고, 음악을 듣거나 달리기를 해도 상쾌해집니다. 각자에게 맞는 방법을 찾아 우울하고 어두운 감정이 생길 때마다 스스로를 위해 행동으로 옮겨보시길 권합니다.

능력 부족이 아니라 행동 부족

더 나은 삶을 추구합니다. 물질적인 성장은 당연하고, 정신적인 면에서나 관계 면에서도 우리는 늘 어제보다 나아지길 갈망합니다. 직장에서는 승진하길 원하고, 사업가는 번창하길 원하지요. 어떻게 하면 더 높이, 더 멀리 갈 수 있을까? 이 질문에 대한 답은 이미 나와 있습니다. 네이버나 유튜브에 관련 검색어를 치면 셀 수 없을 정도의 정보가 쏟아집니다. 그중 몇 가지만 참고해도, 성장에 관한 열쇠를 손에 쥘 수 있는 세상이지요.

그토록 많은 사람들이 성공과 성장을 갈망하고, 또 이에 대한 답도 무수히 많은 세상인데, 왜 여전히 성공하는 사람은 극히 드물고 제자리를 맴도는 사람들은 많은 걸까요?

아직은 때가 아니야. 더 공부하고, 더 내공을 쌓아야 해. 내 능력

으로는 어려워. 아이들 좀 더 크고 나면. 일단 내 집부터 마련하고. 올
해만 지나면. 아이부터 낳고. 목돈 좀 쌓은 후에. 여유가 좀 생기면….

그렇습니다. 우리는 여전히 망설이고 주저하고 고민합니다. 선뜻
발을 내디딜 용기가 부족합니다. 혹시라도 '해내지 못하면 어쩌나' 하
는 두려움 때문에 마음속 간절함을 뒤로 숨기고 현실과 타협하게 되
는 것이지요. 멀쩡하게 직장 잘 다니던 남편이 어느 날 갑자기 글을
쓰고 작가가 되겠다고 하면, 아마 대부분의 아내는 심장이 덜컥 내려
앉을 겁니다. 집에서 아이들 돌보고 내조 잘하던 아내가 어느 날 갑
자기 컴퓨터 앞에 앉아 밤늦도록 글을 쓰고 있으면, 집안일 소홀히
할 거면 글 따위 때려치우라고 말하는 남편도 없지 않을 겁니다. 중
요한 것은, 작가의 꿈을 안고 있는 사람들 대부분이 위와 같은 상황
을 두려워한다는 사실입니다.

그래, 맞아. 나 같은 사람이 무슨 작가가 될 거라고…. 능력도 부
족하고 어울리지도 않아. 직장 일이나 열심히 해야지 뭐. 애 잘 키우
면 그걸로 됐지 뭐.

8년 동안 전국을 다니며 수많은 사람을 만났고, 그들의 글을 읽었
습니다. 제 수업에 참여하지 않은 기성 작가들과의 만남도 잦았습니
다. 예비 작가들, 그리고 이미 자리를 잡은 전업 작가들. 그들에게는
한 가지 공통점이 있었지요. 단 한 명도 "글쓰기 재주"를 타고난 사람

어텐션

이 없다는 사실입니다. 쓰지 않는 사람은 "글쓰기 재주"를 탓합니다. 그러나 쓰는 사람은 말이 없습니다. "글쓰기 재주" 따위 가볍게 극복하겠다는 의지로 그저 매일 글을 쓸 뿐이었지요.

나이를 먹을수록 한 발짝 내딛는 것이 쉽지 않습니다. 지켜야 할 것이 많고, 잃게 될까 겁나고, 그럭저럭 살 만하기 때문입니다. 글 쓰고 책 출간하는 일이 여전히 딴 나라 얘기인 것처럼 느껴진다는 말이지요. 어렵고, 복잡하고, 대단히 거창한 일인 줄 압니다. 분명히 말하지만, 글을 쓰고 책을 출간하는 일은 이제 "일상"이 되어야 합니다. 엄청난 작품 쓰고 베스트셀러 작가 되자는 얘기가 아닙니다. 그저 내 삶의 이야기를 찬찬히 들여다보면서 스스로 가치를 부여하자는 것이 전부입니다.

내 삶을 정리 및 치유하고, 타인의 삶에 선한 영향을 전하고, 적은 액수이긴 합니다만 돈도 벌고. 매력 있지 않습니까. 글은 재능으로 쓰는 게 아닙니다. 하얀 종이를 까만 글자로 채우는 행위! 이것이 전부입니다. 재능이 부족해서 쓰지 못하는 게 아니라, 쓰지 않기 때문에 채워지지 않는 겁니다. 글을 쓰면, 글 쓸 시간이 생깁니다. 글을 쓰면, 글쓰기 실력이 늡니다. 글을 쓰면, 삶이 보입니다. 눈물도 나고, 가슴 벅차기도 하고, 재미도 있습니다. 무엇보다 글을 쓰면, 다시 살아갈 힘이 생깁니다.

Attention

chapter 5

목표에
주목하라

목표를 이루는 최고의 방법

돈을 많이 벌고 싶다면, 먼저 부자가 되어야 합니다. 끝내주는 몸매를 갖고 싶다면 먼저 모델이 되어야 합니다. 좋은 대학에 가고 싶다면 먼저 전교 1등이 되어야 합니다. 인생 잘 살고 싶다면 먼저 행복한 존재가 되어야 합니다.

말이 좀 이상하지요? 지금부터 하나씩 설명하겠습니다. 사람들은 자신이 뭔가 바라는 게 생길 때마다 어떻게 해야 그것을 가질 수 있는지 '방법'부터 고민합니다. 수많은 이들이 꿈과 목표를 이루지 못하는 이유가 바로 여기에 있습니다.

원하는 것을 이루기 위해 가장 먼저 해야 할 일은 이미 원하는 걸 다 이룬 사람이 되는 것입니다. 목표를 달성하는 최고의 방법은 먼저 그 목표를 달성한 사람이 되는 것이죠. 사람은 누구나 태어나는 게 먼저이고, 그다음이 성장과 발전입니다. '존재'가 먼저이고 '방법'

어텐션

은 나중입니다.

첫 책은 2016년 2월에 출간했습니다. 2014년부터 저 스스로를 '작가'라고 인정했습니다. 누가 물으면 무조건 작가라고 대답했습니다. 아직 책도 한 권 내지 않았고, 글도 많이 쓰지 않았을 때입니다. 그럼에도 저 스스로 작가라고 인정했습니다. 먼저 작가가 되었고, 그 다음에 글을 썼다는 뜻입니다.

모든 현실은 내 안에서 뿜어져나옵니다. 내 안에서 형성된 감정과 이미지가 밖으로 표출되는 것이죠. 그럼에도 많은 사람들이 밖에서 구하려 합니다. 방법, 비법, 묘법, 지름길 등 외부에서 길을 찾으려 하니까 속도도 느리고 실현도 잘되지 않는 겁니다.

요리를 잘하고 싶다면, 먼저 일급 요리사가 되어야 합니다. 내 안에 모든 감정과 이미지를 일급 요리사에 맞춥니다. 그런 다음, "일급 요리사가 요리하듯" 음식을 만드는 것이죠. 자다가 일어나서 억지로 끓인 라면과 자신이 일급 요리사라는 생각으로 끓인 라면. 두 라면의 맛은 당연히 차이가 있을 수밖에 없습니다.

돈을 많이 벌고 싶다며 간절하다 말하는 사람 많습니다. 그런데, 절박한 심정으로 돈을 많이 벌고 싶다는 사람의 말이나 행동을 보면 도무지 이해가 되지 않을 때가 많습니다. 맨날 사람들 만나 수다 떨고, 독서는 아예 하지도 않고, 종일 돈과는 무관한 일만 하면서, 불평불만만 입에 달고 삽니다.

정말로 돈을 많이 버는 사람들이 그렇게 살고 있을까요? 한 달에 수천만 원씩 버는 사람이 맨날 쓸데없는 수다 떨고 책은 멀리하고 잡다한 일만 하고 투덜거리기만 할까요? 저는 그런 부자 본 적 없습니다. 돈 많이 버는 사람들은 하루를 치열하게 살아갑니다. 눈빛이 환하고 목소리에 힘이 있으며 주변 정돈 깔끔하고 입만 열었다 하면 활력과 긍정과 에너지가 넘칩니다.

돈 많이 벌고 싶다 바라기만 할 게 아니라, 먼저 '부자'가 되어야 합니다. 지지리 궁상으로 돈을 벌겠다 덤비지 말고, 품격 갖춘 부자의 태도로 돈을 벌어야 한다는 뜻입니다. 부자는 이럴 때 어떤 생각을 할까? 부자는 이럴 때 어떤 말을 할까? 부자는 이럴 때 어떤 행동을 할까? 매 순간 부자 모드로 생각하고 말하고 행동하면, 그 사람 머지 않아 틀림없이 부자가 될 겁니다.

글을 잘 쓰고 싶다, 책을 출간하고 싶다, 작가가 되고 싶다…. 간절하고 절박하다고 말하는 사람 수도 없이 만났습니다. 하지만, 그렇게 간절하게 책을 출간하고 싶다고 말한 사람의 하루를 살펴보면 과연 그 간절함이 진실인지 의심스러울 때가 많습니다.

실컷 잡니다. 독서도 하지 않습니다. 일기도 안 씁니다. 글은 내킬 때만 몇 줄 끄적거립니다. 글쓰기 힘들고 어렵다는 말은 입에 달고 삽니다. 다른 유흥거리만 찾고 다닙니다. 쓰지 못하는 핑계와 변명이 끝도 없습니다. 얼핏 보면, 작가가 되길 간절히 바라는 사람이 아니

어텐션

라 쓰기 싫어 환장하는 사람처럼 느껴집니다.

꿈은 안에서 밖으로 진행되어 이루어진다고 했습니다. 먼저 작가가 되어야 합니다. 작가처럼 생각하고 작가처럼 말하고 작가처럼 행동해야 한다는 뜻입니다. 작가는 어떤 생각을 할까요? 매 순간 글감과 주제를 떠올릴 겁니다. 작가는 어떤 말을 할까요? 글쓰기/책쓰기에 관한 이야기를 많이 하겠지요. 기쁘고 행복한 표정으로 그런 말을 할 겁니다. 작가는 어떤 행동을 할까요? 당연히 매일 쓸 겁니다.

어떻게 해야 작가가 될 수 있는지 방법만 찾으려 하지 말고, 먼저 작가가 되어야 합니다. 누가 뭐래도 자신을 작가로 인정해주어야 할 사람은 바로 나 자신입니다. 내 안에서 먼저 작가가 되어야 현실 세계에서 그 꿈이 이루어지는 법입니다.

방법과 요령만 좇지 말고, 먼저 이루고 나서 시작하십시오. 자신이 바라는 꿈과 목표를 이미 이룬 사람을 찾아 모델로 삼고, 그의 생각과 말과 행동을 흉내 내는 것이죠. 그렇게만 하면 무엇을 바라든 이룰 수가 있습니다.

나를 움직이는 힘, 일상적인 목표

초등학교에 다니는 아이들에게 목표가 뭐냐고 물어보면 다양한 대답을 들을 수 있습니다. 의사, 과학자 등은 옛날과 다르지 않고요. 유튜버, 프로게이머, 무대 디자이너, 아이돌스타 등은 시대를 반영하는 목표인 것 같습니다.

어른들에게도 꿈이 있습니다. 돈 많이 벌어서 좋은 집을 사고 싶다고 말하는 사람도 있고, 글이나 그림 또는 사진 등 창조적인 활동을 하고 싶다는 사람도 많습니다. 자신의 꿈 대신 자식 잘되기를 바라는 사람도 있고, 멋진 몸 만들어서 건강하고 활력 넘치게 살아가는 게 목표라고 하는 사람도 적지 않습니다.

아이 어른 할 것 없이, 꿈과 목표를 품고 살아가는 모습은 참으로 보기 좋습니다. 잘 알지도 못하는 사람인데도 꿈을 말하는 모습을 보면 저도 모르게 응원을 보내기도 합니다. 반면, 아무런 꿈이나 목표 없이 하루 살기조차 힘에 겨운 이들도 분명 있습니다. 그들의 삶이

어텐션

나아지기길 기원하는 마음도 잊지 말아야겠지요.

8년째 강의를 하고 있습니다. 수많은 수강생들과 인연을 맺었지요. 같은 질문을 자주 받았습니다. "이은대 대표님은 꿈이 무엇입니까? 목표는 무엇인가요?"

이런 질문을 받을 때마다 더 나은 작가가 되고 싶다거나 토니 라빈스 같은 세계적인 동기 부여 강연가가 되는 것이 목표라고 답합니다. 답변을 하면서도 이것이 과연 나의 진정한 꿈과 목표인가 의구심이 생깁니다.

사실 저는, 딱히 꿈이나 목표라고 할 만한 것을 갖고 있지 않습니다. 오래전, 사업에 실패하기 전에는 돈 많이 벌어 부자가 되겠다는 나름의 꿈이 있었거든요. 지금 생각해 보면 초라하기 짝이 없는 망상에 불과하지만 말이죠. 큰 실패 후 모든 것을 잃고 난 후부터는 '멀리 보는 눈'을 상실하고야 말았습니다. 당장 오늘을 견뎌내는 것이 급선무였던 탓이겠지요.

얼마만큼의 부를 이룰 것인가보다 당장 오늘 얼마를 벌 수 있는가 하는 것이 목표였습니다. 미라클 모닝을 얼마 동안 실천할 것인가가 아니라 오늘 새벽 몇 시에 일어날 것인가 하는 것이 더 중요했습니다. 인간관계를 어떻게 맺을 것인가보다는 오늘 만나는 사람들과 척을 지지 않고 다음 일거리를 받는 것이 더 중요했습니다.

눈앞에 닥친 문제를 해결하며 살아가는 인생이 습관이 되었습니다. 책을 출간하고 작가가 되겠다는 꿈과 목표는 일찌감치 뒤로 밀려났지요. 매일 주어진 시간 동안 일정 분량의 글을 쓰는 것이 저에겐 가장 중요했습니다. 하루하루 그렇게 살았고, 반복된 행위는 물리적 양을 쌓았으며, 그 누적물로 책을 출간했습니다.

강의도 마찬가지입니다. 어떤 분야에서 어떤 강사가 되겠다는 꿈이나 목표는 세울 정신이 없었습니다. 강의할 기회가 생기면 목숨을 걸었고, 다음 강의가 잡히면 죽을 힘을 다해 준비했습니다. 강의 시간에는 미친 사람처럼 목에 핏대를 세웠고요. 매 순간 그 한 번의 강의가, 제게는 전부였던 겁니다.

인생의 목표보다 일상의 목표가 훨씬 중요했습니다. 10년 후의 내 모습보다 오늘을 살아내는 것이 더 간절했습니다. 예전에는 하루를 소홀히 여기고 미래만 근사하게 여겼거든요. 저의 과거를 한마디로 표현하자면, "참고 견디는" 날들이었습니다. 두 번째 삶은 달랐습니다. 오늘이 끝이라는 생각으로 살았습니다. 남들은 시간이 없어 바빠 죽겠다는 말을 입에 달고 사는데, 저는 오늘이 흘러가는 것 자체가 아쉽고 안타까웠습니다.

"어떤 책을 쓰고 싶다!"는 말은 귀가 따갑도록 들었습니다. 그러나, "오늘 어떤 글을 썼다"는 말은 한 번도 들은 적이 없습니다. 많은 사람들이 미래를 살고 있는 것 같습니다. 그러면서 자신이 지금 딛고 있는 오늘은 대수롭지 않게 여기는 것이지요.

앞으로 글을 쓸 거라는 계획은 무의미합니다. 그런 꿈과 목표를 전하고 싶다면 오늘 글을 써야 합니다. 오늘 글을 쓰면, 앞으로 글을 쓰겠다는 말을 굳이 하지 않아도 됩니다. 오늘이 바로 내일이기 때문입니다.

인생 꿈과 목표를 선명하게 갖는 일은 무엇보다 중요합니다. 하지만, 미래의 자기 모습을 그리는 일에만 열중한 채 오늘과 지금을 허투루 보낸다면 그 꿈과 목표가 대체 무슨 가치 있겠습니까. 멀리만 바라보면서 당장 눈앞에 닥친 현실을 외면하고 회피하는 사람은 미래 아무것도 보장받지 못할 테지요.

꿈과 목표가 힘을 가지기 위해서는 오늘을 살아가는 태도가 필요합니다. 도박에 빠진 사람들이 헤어나오지 못하는 이유는 언젠가 자신도 일확천금을 쥘 수 있다는 망상 때문입니다. 술에 빠진 사람들이 헤어나오지 못하는 이유는 취했을 때만큼은 현실을 외면할 수 있기 때문이지요. 삶을 망치는 '중독'은 모두가 지금을 직시하지 않는 태도에서 비롯된 현상입니다.

자신의 현재 모습, 그리고 지금 자신에게 닥친 현실을 직시하는 것은 참으로 아프고 어려운 일입니다. 아니라고 부정하고 싶은 무의식이 저 깊은 곳에서 작동하기 때문입니다. 그럴수록 용기를 내어야 합니다. 아무리 어렵고 힘든 상황에 처해 있더라도, 나에게는 지금을 이겨나갈 힘과 패기가 있다는 사실을 잊지 말아야 합니다.

이러한 차원에서 보자면, 글 쓰는 사람에게는 세 가지가 필요합니다. 자신을 직시할 용기, 성장하고 변화하는 자신, 그리고 이 모든 과정을 독자와 나누어 공감을 유도하는 힘. 현실을 있는 그대로 받아들이고, 더 나은 오늘을 살기 위해 최선을 다하는 에너지가 바로 글쓰기로부터 비롯된다는 사실이 증명되는 겁니다.

앞으로 어떻게 살아갈 것인가?
꿈과 목표는 무엇인가?
인생의 비전은 무엇인가?

이런 질문도 마땅하지만, 더 중요한 질문을 자신에게 던져야 합니다.

"나는 오늘 무엇을 했는가? 그리고 이제 무엇을 할 것인가?"

목표를 달성하게 만드는 힘, 반복

"저 사람 재수 없어!"

누군가 한 사람을 지정해놓고 이 말을 반복해 보세요. 하루에도 여러 번, 며칠에 걸쳐 그 사람을 떠올리며 이 말을 반복하는 겁니다. 어떤 현상이 생길까요? 평소 그에 대해 별 생각이 없던 사람도 점점 그 사람을 재수 없게 생각하게 될 겁니다. 그의 말, 그의 행동이 죄다 재수 없게 느껴질 테고요.

"저 사람 매력 있어!"

같은 현상이 일어납니다. 별 매력을 느끼지 못한 사람을 향해 이 말을 계속 반복하면 서서히 그의 매력을 하나 둘 볼 수 있게 됩니다. 어쩌면 사랑에 빠지게 될지도 모릅니다.

목표에 주목하라

인간의 뇌는 크게 두 영역으로 구분되어 있습니다. 하나는 의식이고 다른 하나는 무의식 혹은 잠재의식이라 부릅니다. 의식은 의도적인 생각입니다. 무의식은 말 그대로 내가 의식하지 못하는 범주의 힘입니다. 의식이 종이 한 장이라면, 무의식은 A4용지 몇 박스 분량이라 할 수 있습니다.

무의식이 움직이면 삶이 달라집니다. 잠재의식의 힘을 이용하면 기적이 일어나지요. 어떻게 해야 무의식을 움직이도록 할 수 있을까요? 그 핵심 도구가 바로 의식적인 생각과 말입니다.

할 수 있다고 생각하고 "할 수 있다!"는 말을 반복하면, 우리 무의식은 자연스럽게 할 수 있다고 믿고 움직이기 시작합니다. 반대로, 할 수 없다고 생각하고 "못 하겠다!"는 말을 반복하면 그것으로 끝이죠. 아무것도 할 수가 없게 됩니다.

출소를 석 달 앞두고 있었을 때, 교도소에서는 외부 직업 상담사들을 초청했습니다. 일대일 상담을 통해 사회 적응 훈련을 시키는 거였죠. 셀 수 없이 빼곡하게 적힌 설문지 문항들을 일일이 답하고 나면, 그 결과를 가지고 상담을 해줍니다. 그때 저를 담당했던 상담사가 했던 말을 아직도 생생히 기억합니다. "이은대 씨는…. 자신이 사회에 나가서 잘살 거라는 확신을 갖고 계시네요. 딱히 상담할 게 없을 것 같습니다."

실제로는 아무 대책 없었습니다. 돈도 사람도 다 잃고 벼랑 끝으

어텐션

로 추락한 제가 무엇을 할 수 있었겠습니까. 목표도 계획도 무엇도 없었습니다. 그런 와중에도 제가 매일 실천했던 것은, "잘 될 거야! 할 수 있어! 이제 시작이야!"라는 생각과 말과 웃음이었습니다.

저는 영성이나 기적 뭐 이런 거 믿지 않습니다. 오직 제가 직접 보고 듣고 체험한 것들에만 확신을 가집니다. 생각과 말, 표정과 태도가 인생을 완전히 바꿀 수 있는가? 저는 이 질문에 단연코 예스라고 답할 수 있습니다.

한마디로 얘기하면, "내가 나를 세뇌시킨다!"라고 표현할 수 있겠지요. 같은 생각, 같은 말을 하루 수차례 반복하고, 며칠이든 몇 달이든 닥치고 계속하면, 어느 순간 살면서 한 번도 만나지 못한 기회와 용기를 얻을 수 있습니다. 책을 출간한 것도, 강의를 시작한 것도, 모두 같은 과정을 거쳤습니다.

암흑 속에서도 할 수 있다고 생각해야 합니다. 다른 사람들이 뭐라고 빈정대도 할 수 있다고 말해야 합니다. 아무리 속상하고 화가 나고 억울하고 분해도 무조건 웃어야 합니다. 당장은 인상을 쓰는 한이 있더라도 돌아서면 즉시 웃어야 합니다. 생각과 말과 웃음을 반복하면 인생은 틀림없이 좋아집니다.

그래? 좋았어! 나도 한번 해봐야겠다!

이 정도 결심으로는 어림도 없습니다. 좋은 생각, 좋은 말, 웃음을 실천하는 것은 생각보다 어렵고 힘듭니다. 웬만한 각오와 결심으로는 시작하자마자 무너질 겁니다. 사람들이 성공의 법칙을 왜 그리 만만하게 여기는지 이해할 수 없습니다. 인생을 바꾸는 일이라 했습니다. 독기를 품고 치열하게 실천해야 합니다.

자기도 모르게 부정적인 생각을 할 것이고, 습관적으로 불평 불만이 튀어나올 겁니다. 그랬을 때는 손가락이라도 자르겠다는 불굴의 투지를 가져야 합니다. 부정적인 생각과 말은 털끝만큼도 용납하지 않겠다는 결연한 의지가 필요하다는 말입니다.

반복은 뇌를 바꾸는 일입니다. 그냥 대충 허투루 할 일이 아니지요. 항상 새롭고 다른 특별한 삶을 바라면서도 늘 같은 인생 살아오지 않았습니까? 그대로 괜찮다면 모를까, 확실히 다른 삶을 원한다면 제가 권하는 방법대로 해 보시길 강력히 권합니다. 생각과 말과 표정을 바꾸어야 합니다. 좋은 생각만 하고, 좋은 말만 하고, 항상 웃어야 합니다.

저는 지금 "좋은 생각, 좋은 말, 웃음"에 관해 글을 쓰고 있습니다. 그렇습니다. 글을 쓸 때도 자신이 주장하거나 강조하고 싶은 내용이 있다면 줄기차게 반복해야 합니다. 쓸데없이 중복하는 일은 절대 삼가해야 하지만, 꼭 전하고 싶은 핵심 메시지라면 얼마든지 반복해도 무방합니다. 아니, 반드시 반복을 해야만 합니다.

스스로 생각과 말과 표정을 반복하면 자신의 뇌를 세뇌시킬 수 있다고 했듯이, 글 속에 핵심 메시지를 여러 차례 반복하면 독자의 마

어텐션

음도 열게 할 수 있습니다. 여기까지 읽은 독자라면, 아마도 "생각과 말과 웃음"이라는 세 가지 단어가 익숙해졌을 거라고 생각합니다. 그렇지요. 제가 의도적으로 반복했기 때문입니다.

반복의 활용에는 두 가지 방법이 있습니다. 하나는 위험이고요. 다른 하나는 행복입니다. "생각과 말과 표정을 염두에 두지 않으면 인생 망가진다!" 이렇게 하면 위험을 경고하는 글이 됩니다. "생각과 말과 표정에 신경 쓰기만 하면 인생 좋아집니다!"라고 쓰면 행복으로 나아가는 길을 소개하는 글이 됩니다.

어떤 방식이 더 좋은가에 대해 다양한 의견이 있습니다. 인간은 본능적으로 위험을 피하고자 하는 욕구가 더 강하기 때문에 경고성 글이 더 효과 있다고 주장하는 사람도 있고요. 아무래도 부정적인 글보다는 행복한 글이 작가와 독자 모두에게 좋다고 말하는 사람도 많습니다.

선택은 각자의 몫이겠지요. 분명한 것은, 어떤 방법을 쓰든 반복이라는 것이 효과 있다는 사실입니다. 꿈이 있습니까? 이루고 싶은 목표가 있나요? 지금 당장 그 꿈과 목표를 생각하고 말하세요. 그리고, 생각하고 말할 때마다 환하게 큰 소리로 웃어야 합니다. 주변 사람들이 보면 미쳤다고 하겠지요. 좋습니다! 미치기 시작하면 이루지 못할 일이 없을 테니까요.

무조건 성공하는 목표 세우는 방법

성공하기 위해서는 목표를 세워야 한다고, 수도 없이 많은 책과 강연에서 강조합니다. 이미 많은 사람이 목표의 중요성을 알고 있으며, 각자 나름대로 목표와 계획을 세우기도 합니다. 연말연시를 생각해 보면 알 수 있습니다. 새해 목표를 세웠을 테고, 또 전략과 계획도 수립했을 겁니다.

지금, 돌아봐야 합니다. 어떻게 되었습니까? 어떻게 되어가고 있습니까? 순조롭게 실천하고 있다면 다행입니다. 최고지요. 그러나, 자신이 세웠던 목표가 무엇인지조차 기억하지 못하고 있다면 심각한 문제입니다. 목표를 향해 3분의 1쯤 도달하지 못했다면 그 또한 바람직하지 못한 현상입니다.

목표를 세웠습니다. 계획도 수립했습니다. 그런데 왜 실패하는 걸까요? 목표와 계획이 성공에 도움된다고 했는데, 어째서 자꾸만 제

어텐션

자리걸음만 되풀이하고 있는 걸까요? 목표와 계획에 대한 개념 정립이 제대로 되지 않았기 때문입니다.

첫째, 목표는 반드시 세분화해야 합니다. "올해 안에 반드시 책을 쓰겠다!" 대부분 이렇게 목표를 세웁니다. 이루지 못할 가능성이 매우 큽니다. 목표는 분명하지만, 어디서부터 어떻게 시작해야 할지 막막하지요. 목표 달성에 이르는 과정에서 진행이 얼마나 되는지도 확인할 길이 없습니다.

12월 31일까지 출간계약을 체결한다.
11월 30일까지 퇴고를 끝낸다.
8월 31일까지 초고를 마무리한다.
5월 31일까지 구성 및 스케치를 끝낸다.
5월 20일까지 주제, 제목, 목차 등 기획한다.

자, 어떤가요? 세분화하고 나니까 시간이 빠듯한 것 같지 않습니까? 그냥 올해 안에 책 쓰겠다 이렇게 목표 세우면 아직 많이 남은 것처럼 느껴집니다. 그러나, 일단위 세분화를 해 보면 긴장감이 고조될 정도입니다.

무슨 일이든 마찬가지입니다. 목표를 세울 때는 반드시 년, 월, 주, 일단위로 쪼개어 진도를 하나하나 체크할 수 있을 정도가 되어야 합니다.

둘째, 오늘 무엇을 얼마만큼 했는가 점검해야 합니다. 막연하게 열심히 하고 있다는 착각으로는 결코 목표를 달성할 수 없습니다. 오늘, 목표와 직접적인 관계가 있는 일을 얼마나 했는가? 질문하고 답할 수 있어야 합니다. 하다 보면 어찌 되겠지. 이런 생각으로 도전하면, 실제로 뭔가를 하지 않으면서도 자신이 열심히 하고 있다는 착각을 하게 됩니다. 머릿속 생각과 실행은 전혀 다른 문제입니다. 목표 달성과 관계있는 것은 오직 실행뿐입니다. 앞으로 무엇을 어떻게 할 것인가 뜬구름 잡는 소리 그만하고, 오늘 무엇을 얼마만큼 했는가 따져 물어야 합니다. 한 게 없거나 부족한 경우에는 잠을 줄여서라도 뭔가 조금은 해놓고 하루를 끝내야 합니다. 성공이나 성장은 결코 만만한 게 아닙니다. 노력 앞에 당당할 수 있어야 성취감도 큰 법이지요.

셋째, 방법을 달리 해야 합니다. 목표와 계획을 세우고 꾸준히 실천하지만 결과가 신통찮다 싶을 때는 전략을 바꿔야 합니다. 주변을 살펴보면, 아니다 싶은 방법을 굳이 고집하는 경우가 많습니다. 예를 들어, 모객을 한다고 가정해봅시다. 이번 달에 10명 목표 세웠는데 2명밖에 모으지 못했다. 그럼 다음 달에는 다른 방법을 시도하는 것이 마땅합니다. 모객 힘들다, 마케팅 어렵다 하면서도 매번 비슷한 방식으로 일하는 사람이 생각보다 많습니다. 어리석은 태도입니다. 세상

어텐션

에 얼마나 많고 다양한 방법이 있는데, 굳이 실패한 방식을 고수할 이유 뭐가 있겠습니까. 한번 시도해 보고 아니다 싶으면, 시행착오 폴더에 차곡차곡 쌓아두어야 합니다. 그러고 나서 방법을 바꿔 다시 시도하는 거지요. 핸들을 잡고 이쪽저 쪽 틀어가면서 운전해야 목적지에 닿을 수 있습니다.

목표를 세분화하고, 오늘에 집중하며, 방법을 달리하면서 도전하면 어떤 목표라도 이룰 수 있습니다. 형식적으로 다른 사람 따라 할 필요 없습니다. 목표, 목표 하니까 그냥 그럴듯한 목표 세우는 것도 시간 낭비입니다. 목표 제대로 잡고, 한번 해 보겠다 덤비는 용기와 기백이 필요한 때입니다.

큰 목표는 작은 실행으로만 이룰 수 있다

석 달 후에 프로필 사진을 찍는 것이 큰 목표라고 칩시다. 앞으로 90일 남았습니다. 무엇을 해야 할까요? 매일 운동을 해야겠지요. 지방을 태우고 근육을 키울 겁니다. 매일 운동하는 것이 작은 실행입니다. 석 달 후에 프로필 사진을 찍기 위해 몸을 만들려면, 매일 운동하는 것 말고 다른 방법이 있을까요? 몸에 칼을 대서 인위적으로 살을 제거하고 인공 근육을 붙인다면 모를까, 다른 방법은 전혀 없을 겁니다. 이것이 진실이고 법칙입니다. 큰 목표를 이루기 위한 유일한 방법은 작은 실행의 반복뿐입니다.

쉬운 일일까요? 당연히 어렵습니다. 어렵고 힘드니까 "해냈다"는 표현을 쓰는 것이죠. 쉽고 만만한 일이라면 굳이 목표로 세울 필요조차 없었겠지요. 힘들다, 어렵다 이런 말은 아무런 도움이 되지 않습니다. 안 할 거면 말고, 할 거면 입 딱 다물고 하는 거지요.

어텐션

영어를 유창하게 구사하기 위해서 오늘 당장 해야 할 일은 단어를 외우고 문장을 낭독하고 듣기를 공부하는 것이죠. 자격증을 취득하기 위해 오늘 당장 해야 할 일은 공부입니다. SNS를 통해 인플루언서가 되고 싶다면, 오늘 당장 해야 할 일은 포스팅이나 피드를 작성하고 발행하는 겁니다.

책 한 권을 쓰겠다는 '큰 목표'를 세웠다면, 그것을 이루기 위해 해야 할 '작은 실행'은 매일 조금이라도 글을 쓰는 것입니다. 이것 말고는 달리 방법이 없습니다. 그럼에도 많은 사람들이 '다른 방법'이 있다고 믿는 것 같습니다. 지난 8년 동안 시종일관 그런 방법은 없다고 강조하는데도 여전히 미련이 남는 모양입니다.

오늘 해야 할 일을 하면 꿈은 이루어집니다. 만약 꿈이 이루어지지 않는다면 어떻게 할까요? 괜찮습니다. 매일 어떤 일을 반복하는 동안 이전의 나와는 전혀 다른 존재로 엄청난 성장을 했을 테니까 말이죠.

사람들의 관심은 '큰 목표'에만 가 있습니다. '작은 실행'은 상대적으로 가볍게 여깁니다. 세상은 인과관계로 이루어져 있습니다. 원인이 있어야 결과가 생기고, 모든 결과에는 이유가 있게 마련입니다.

누군가 책 한 권을 출간했다면, 그에게는 반드시 "쓰는 시간"이 존재했을 겁니다. 법칙이고 진리라 했습니다. 바라는 목표를 달성하기 위해 해야 할 일은 '원인'을 만드는 것이죠. 오늘, 지금 그 원인을 만들어내야 합니다.

큰 목표에만 관심을 기울이면 현재의 내가 부족하고 모자라다는 사실에 상대적 박탈감을 느끼게 됩니다. 지금은 못났지만 나중에는 잘될 거야. 자칫 좋은 말로 느껴질 수도 있는데요. 치명적인 위험이 따릅니다. 지금의 나를 부정하는 사람치고 잘되는 사람 없기 때문입니다.

미래를 살아가는 것이 아니라 현재를 살아갑니다. 지금이 없는 나중은 있을 수 없지요. 멀리 보는 것도 좋지만, 지금에 집중하는 태도를 놓치지 말아야 합니다. 작은 한 걸음이 쌓여야만 큰 목표를 이룰 수 있기 때문입니다.

서평 특강을 진행한 적 있습니다. 다들 서평 잘 쓰고 싶어 합니다. 책도 많이 읽고 싶어 합니다. 그런 바람을 이루기 위해서는 오늘과 지금에 집중해야 합니다. 오늘 책을 읽었으면 가능성이 백 퍼센트이고요. 오늘 한 줄이라도 서평을 남겼으면 꿈도 이룰 수 있습니다.

자신의 꿈이 이루어질 수 있을까 궁금한 사람은 오늘과 지금을 살피면 금방 알 수 있습니다. 오늘 운동한 사람은 몸 만들 수 있고요. 오늘 영어 단어 외운 사람은 유창하게 영어를 구사할 수 있을 테고요. 오늘 글을 쓴 사람은 책을 출간할 수 있습니다. 오늘 아무것도 하지 않았다면요? 글쎄요. 아무것도 되지 못하겠죠. 아무것도 나아지지 않을 겁니다. 아무것도 변화하거나 성장하지 못할 겁니다.

어텐션

잔인한가요? 네, 맞습니다. 현실은 냉혹합니다. 그러니, 먼 훗날 바라보며 허상을 꿈꾸지 말고 오늘과 지금에 집중하여 '할 일을 하는' 인생을 살았으면 좋겠습니다.

궁극의 목표를 정한다는 것

제 삶의 목표는 더 많은 사람이 글 쓰는 삶을 만나도록 하는 것입니다. 이유는 이렇습니다. 힘들고 어려웠던 시절에 글을 쓰기 시작했고, 덕분에 새로운 삶을 만날 수 있었기 때문이지요. 만약 제가 글을 쓰지 않았더라면, 글쎄요, 제 인생이 어떻게 되었을지 생각만 해도 끔찍합니다.

글을 쓴다고 해서 인생 모든 문제가 싹 다 해결되는 것은 아닙니다. 만병통치약은 아니란 뜻입니다. 하지만, 아무것도 할 수 있는 게 없다고 느껴질 때조차 '나에게 아직 다른 사람과 나눌 무언가가 있다'는 증거를 확인할 수 있다는 점에서 쓰는 행위는 분명 가치 있다고 확신합니다.

경험이 부족한 사람의 경우 빨리 지치고 포기하는 경향이 있기 때문에 책 출간이라는 가시적 성과를 도입한 것이지요. 자이언트의 최초 타이틀은 〈이은대의 글쓰기 수업〉이었습니다. 저는 지금도 수강생들한테 책 쓰지 않아도 좋으니 매일 조금씩이라도 글을 쓰라고 권합니다.

궁극의 목표를 '책 출간'으로 정하는 것도 나쁘지는 않지만, 아무래도 이런 목표는 협소하고 작게 느껴집니다. 목표가 작으면 의욕이나 열정도 오래 가지 못하지요. 더 큰 목표를 정했으면 좋겠습니다.

예를 들어, 아이를 키우는 엄마가 육아에 관한 책을 쓴다고 칩시다. 대부분 사람이 육아에 관한 주제를 정한 후 책을 쓰고 출간하고 강연을 하는 자신의 모습을 목표로 정하는데요. 그보다는, "아이를 키우는 엄마들의 고충과 근심을 해결하는 데 도움을 주는 인생"이라고 자신의 정체성을 그리는 것이 훨씬 멋지다는 겁니다. 앞으로 나아가려는 의지와 힘을 더욱 강건하게 가질 수 있고요.

직장 생활에 관한 책을 쓰는 경우도 마찬가지입니다. 책 출간하고 강연하면서 돈도 벌고 제2의 인생을 살겠다는 목표도 나쁘지는 않습니다. 하지만, "직장인들이 나한테만 오면 속이 뻥 뚫릴 수 있도록 직장인 고민 해결사가 되는 것이 내 인생의 사명이다!"라고 목표를 정하면 더욱 피가 끓지 않겠습니까.

궁극의 목표를 얘기할 때마다 많은 사람이 뒷걸음칩니다. 내가 무슨…. 내가 어찌…. 아휴, 그런 소리 말아요…. 한 번도 경험하지 못한 일이기 때문에 자신 없어 한다는 건 충분히 이해합니다. 분명한 것은, 어떤 일이든 성공하기 위해서 제일 먼저 필요한 태도가 자신에 대한 믿음이라는 사실입니다.

또 한 가지! 설령 자신이 정한 목표를 이루지 못하면 어떻습니까? 백만 원 목표 세우고 백만 원 버는 것보다, 십억 원 목표 세우고 천만 원 버는 게 훨씬 낫지요. 백만 원과 십억 원은 천 배 차이이지만, 실제 노력은 다섯 배만 해도 됩니다. 이 얼마나 경제적인 효율입니까.

궁극의 목표를 원대하게 세우는 것에 찬성합니다. 적극 권하고 싶습니다. 이왕이면 멋있게, 근사하게! 생각만 해도 가슴 설레는, 그런 목표를 세우고 한번 도전해 보는 것이지요. 손해 볼 것 하나도 없습니다.

한 가지 주의할 점에 대해서도 짚고 넘어가야겠습니다. 크고 대단한 목표를 정하는 것은 좋지만, 목표만 세워놓고 꼼짝도 하지 않을 거라면 아예 시작조차 하지 않는 편이 낫습니다.

책 쓰는 과정을 예로 들자면 이렇습니다. 제목과 목차를 기획해서 나눠드리는데요. 한 달이고 두 달이고 제목과 목차 붙잡고 고민하는 거지요. 일단 쓰면서 고민하라고 아무리 말씀드려도 도무지 시작을 하지 않는 겁니다. 왜 시작하지 않느냐고 물으면, 완벽한 제목과 목차를 완성한 후에 시작할 거라고 대답합니다.

궁극의 목표를 정하는 것은 중요합니다만, 목표 달성을 위한 전략과 계획은 실행 과정에서 얼마든지 수정 보완할 수 있습니다. 아니,

어텐션

수정과 보완을 반드시 해야 합니다. 돌발 변수는 언제든 생기게 마련이고, 사람의 생각이란 것도 수시로 바뀔 수 있기 때문이지요. 지금까지 제가 한 모든 말들의 대전제는 '실행'입니다. 행동하지 않는 목표는 쓰레기입니다. 시간 낭비입니다. 목표 없이 그냥 되는 대로 살아가는 게 차라리 낫습니다. 실행하지도 않을 목표를 왜 세우고 있습니까.

두 가지로 정리합니다. 첫째, 궁극의 목표는 자신의 한계를 시험할 정도로 위대하게 정합니다. 둘째, 일단 목표를 세웠으면 달성을 위한 구체적 행동을 무슨 일이 있어도 매일 해야 합니다.

어렵다고요? 아이고, 또 그 얘기입니까? 종일 누워만 있는 것도 힘들고 어렵습니다. 그놈의 어렵다 힘들다는 말 좀 그만했으면 좋겠습니다. 귀에 딱지가 앉을 지경입니다. 어렵다, 힘들다, 쉽지 않다, 노력해도 잘 안 된다, 걱정이다, 부담된다, 스트레스 받는다, 큰일이다, 사정이 있어서, 아직은, 나중에…. 이제는 생각을 좀 바꾸었으면 좋겠습니다.

인생 바꾸는 거 보통 일 아닙니다. 그러나 바꿀 만한 가치 충분합니다. 저, 지금 제 삶이 믿기지 않을 정도입니다. 살아갈 힘이 넘치고, 매일이 설레고, 풍요롭고, 행복합니다.

2년 전에 어머니와 아버지 두 분 모두 큰 수술 받았습니다. 암울한 조짐도 있었습니다. 그럼에도 마음 흔들리지 않고 감사하는 마음으로 하루하루 보내려고 노력했습니다. 두 분도 의연하셨고요. 인생에는 늘 크고작은 문제가 생기게 마련입니다. 문제가 생길 때마다 흔들리고 넘어지는 사람도 있고, 어떤 문제가 생기든 갈수록 더 단단해지는 사람도 있지요. 크고 위대한 목표를 정하고 그 목표를 향해 나아가는 사람은 나무와 같습니다. 시간이 갈수록 점점 굵고 튼튼해지는 것이죠. 끝내주는 인생 목표 한번 세워보면 어떨까요? 생각만 해도 가슴 설레는, 크고 위대한 목표. 당신 궁극의 목표를 응원합니다.

시계보다 나침반

새벽 5시 40분. 회사 버스를 타고 출근했습니다. 밤 11시. 막차를 타고 퇴근했습니다. 주말에도 근무했고, 일요일에도 밀린 업무를 처리하느라 회사에 나가는 경우 많았습니다. 직장 상사와 동료들은 저를 보며 "참 열심히 일한다"고 했지요. 인정과 칭찬 속에서, 저는 매일 멈추지 않고 전력질주를 했습니다.

어느 날, 친한 친구 한 명이 제게 묻더군요. "왜 그렇게 열심히 살아?" 뭘 그리 당연한 걸 묻냐고 구박을 주었습니다. 인생, 당연히 열심히 살아야 하는 게 아닌가. 그 친구가 아직 철이 없고 인생에 대해 잘 모른다고 생각했습니다.

세월이 한참이나 흐른 후에야 비로소 깨달을 수 있었습니다. "왜 그렇게 열심히 살아?"라고 묻는 그 친구의 질문에 진지하게 답할 수 있어야 했다는 사실을요. 저는 지금도 그 시절의 제가 왜 그리 매일 달렸는지 명확하게 설명할 수가 없습니다. 왜 열심히 사느냐는 질문에 답할 수 없다는 말은 어디로 향해 뛰고 있는가 설명할 수 없다는 말과 같습니다. 제 삶에는 방향이란 게 없었던 거지요.

오직 돈만 보고 뛰었습니다. 본질도 가치도 의미도 없었지요. 그저 돈 많이 버는 것이 전부라고 여겼습니다. 인생? 뭐 그런 것에 신경을 쓰려면 일단 돈이 많아야 한다고 믿었습니다. 죽기살기로 달리고 나서, 돈을 좀 많이 모으고 나면, 그때 가서 인생 생각해도 늦지 않을 거라고 생각했던 것이지요.

한마디로 정리하면, 저는 낭떠러지를 향해 전력질주를 했던 셈입니다. 인생에서 방향을 잃는다는 건 그만큼 심각하고 치명적인 일입니다. 지금 제 주변을 돌아보면, 과거의 제 모습과 같이 아무런 목표나 방향 없이 무작정 남들 뛰니까 같이 뛰고 있는 사람들이 넘쳐납니다.

붙잡고 서서 묻고 싶습니다. "왜 그렇게 열심히 뜁니까? 어디를 향해 가고 있습니까?"라고 말이죠. 그 많은 사람들 입에서 어떤 대답이 나올지 궁금합니다. 명확한 목표와 방향을 갖고 살아가는 사람도 있을 테지만, 아마 대부분은 저처럼 무작정 뛰고 있을 겁니다.

열심히 산다는 말에 전적으로 공감합니다. 단 한 번뿐인 주어진 인생, 최선을 다해 존재 가치를 발현해야 마땅하지요. 허나, 남들이 돈, 돈 하니까 나도 돈 많이 벌어야겠다는 생각은 당장 바꿔야 합니다. 남들이 글쓰기/책쓰기 하니까 나도 쓰겠다는 생각은 위험합니다. 남들이 SNS 하니까 나도 해야 한다는 생각은 참으로 초라하기 짝이 없는 생각이지요.

줏대가 있어야 합니다. 자기 중심이 똑바로 서 있어야 합니다. 남들이 뭐라고 하든 자신이 지향하는 바가 분명해야 합니다. 얼마나 빨리 뛰고 있는가보다 어디를 향해 뛰고 있는가가 훨씬 중요합니다.

방향을 정하지 않은 상태로 전력질주를 하면, 내가 바라지 않는 목표 지점에 빨리 도착하게 됩니다. 자신에게 중요하지도 않고, 별로 하고 싶지도 않은 일을, 잘하게 될 뿐이죠. 돈도 벌고 목표도 이루겠지만 허망하기 짝이 없는 삶이 되고 말 겁니다.

첫째, 시간을 내야 합니다. 자신이 무엇을 원하는지. 그래서 어디를 향해 나아갈 것인지. 꼼꼼하게 점검하고 확인하고 정리하는 시간이 필요합니다. 어쩌다가 잠깐 생각할 문제가 아니고요. 매일 꾸준히, 깊이 있게 생각하여 결정할 문제입니다.

둘째, 그냥 툭 나오는 답변 말고 더 깊이 들어가서 찾아야 합니다. 진정 원하는 게 무엇인가? 어떤 인생을 만들고 싶은가? 차원 높은 질문에 후회 없을 답변을 찾아내야 한다는 거지요. 메모하고 낙서하고 기록하면서 섬세하게 설계해야 합니다. 그래야 나중에 후회를 하지 않을 수 있습니다.

셋째, 방향을 설정하고 목표를 정했으면 뒤도 돌아보지 말고 전력 질주해야 합니다. 아마도 주변에서는 딴지를 걸 겁니다. 그게 아니라고 말할 겁니다. 방향이 틀렸다고 주장할 겁니다. 그건 그들의 생각일 뿐입니다. 귀 딱 닫고 앞만 보며 나아가야 합니다.

넷째, 반드시 멈춰 서서 확인해야 합니다. 잘 가고 있는지, 방향은 맞는지, 뭔가 잘 돌아가지 않는 부분 있는지. 멈추고 확인하는 시간을 갖지 않는 사람은, 비행기 조종석에 앉아 항로를 체크하지 않는 파일럿과 같습니다. 0.1도의 방향 오류가 돌이킬 수 없는 사고를 일으킵니다.

다섯째, 셀프 피드백을 통해 수정하고 보완하는 작업을 게을리하지 말아야 합니다. 세상은 유혹 투성이입니다. 정보와 지식이 넘쳐납니다. 똑똑한 사람도 많고, 대단한 정보도 많고, 간섭하는 인간도 많습니다. 자칫하면 세상의 말과 글에 휩쓸리게 됩니다. 중심 잘 잡고, 자신에게 부족하고 모자란 것들만 하나씩 챙겨 가면서 자기만의 길을 걸어야 합니다.

하루에도 골백 번 시계를 들여다봅니다. 더 빨리! 더 빨리! 그리고 다음 일! 또 더 빨리! 그렇게 하루를 다 보내고 나면, 쉬는 게 아니라 내일 일을 체크합니다. 내일은 또 얼마나 더 빨리 달릴 것인가.

시계 보지 말고 나침반을 봐야 합니다. 속도 체크할 시간에 방향을 점검해야 합니다. '글 쓰고 작가가 되어야겠다'는 생각에서 '이왕이면 사람들한테 도움 되는 글을 써야겠다'로 바뀌었습니다. 그러다가, '사람을 돕는 작가'가 되겠다고 결정했고요. 지금은 '사람을 돕는 존재'가 되겠다는 마음으로 살아가고 있습니다.

언뜻 보면 별 차이 없다고 느껴지지만, 사실은 생각의 크기가 엄청나게 변한 겁니다. 생각을 키우는 과정에서, 어느 순간부터 저는 수강생과 독자의 수에 별 관심을 갖지 않게 되었거든요. 내 강의를 듣는 사람이 단 한 명뿐이라도, 저는 그 사람을 돕기만 하면 되고요. 제 글과 책을 읽는 독자가 단 한 명뿐이라 하더라도 저는 그 사람을 돕는 글만 쓰면 되니까요.

빨리 쓰려고만 하고 잘 쓰려고만 합니다. 무엇을 위해 쓰는가에 대해 생각하는 사람 찾기가 힘들 정도입니다. 수강생 많이 모집하고 돈 많이 벌겠다는 생각만 합니다. 무엇을 위해 강의하는가 본질과 가치를 깊이 파고드는 사람이 드뭅니다.

책 빨리 쓰고 돈 많이 벌면 무엇이 됐든 인생 좋아질 거라고 착각하는 겁니다. 과거의 제 모습과 같습니다. 방향 없이 속도만 올리는 거지요. 눈 크게 뜨고 앞을 제대로 보아야 합니다. 그래야 절벽 아래로 추락하는 일 막을 수 있습니다.

속도는 중요하지 않습니다. 방향이 중요합니다. 무엇을 위해 어디로 가고 있는가. 열차에 탑승해 있으면서 부산으로 가는지 광주로 가는지 모르고 있다면 얼마나 어리석은 상황이겠습니까. 배 타고 태평양 건너고 있으면서 도착지가 어딘지 모르고 있다면 얼마나 한심한 노릇이겠습니까.

되는 대로 살아간다는 생각을 지워야만 인생 좋아집니다. '빨리'를 '제대로'로 바꾸어야 삶이 풍성해집니다. 오늘 반드시 멈추기를 바랍니다. 왜, 어디를 향해, 어떻게 나아갈 것인지 꼭 한번 점검해 보기를 권합니다.

안전한 인생은 없다

지금까지 이뤄놓은 인생을 그대로 지키고자 하는 것은 어쩌면 사람의 당연한 마음일지도 모릅니다. 재산, 가족, 일 등 어렵고 힘들게 만든 완성품을 등 뒤로 돌리는 것은 말처럼 쉬운 일이 아니지요. 변화와 성장을 위해 앞으로 나아가야 한다는 적극적 욕구와 있는 그대로의 지금을 지켜야 한다는 소극적 욕구가 부딪쳐 갈등과 방황, 걱정과 근심을 낳기도 합니다.

어렸을 적에는 극도의 호기심을 품고 살아갑니다. 보는 것마다 신기하고 들리는 것마다 새로웠지요. 그렇게 배우고 익힙니다. 위험도 무릅쓰고, 엄마와 아빠한테 혼나기도 하고, 하루에도 수십 번 다양한 감정을 느끼면서 성장합니다.

일정 궤도에 오르면, 이제 뭔가 좀 아는 것처럼 느껴집니다. 세상과 인생에 대해 쉽게 단정지으며 말하는 버릇이 생기지요. 스물에서

서른 살 사이에 주로 일어나는 현상입니다. 사람들과 갈등이 심해집니다. 내가 옳다고 믿는 것과 타인이 맞다고 주장하는 것 사이에 충돌이 일어납니다.

맨 처음 글을 쓰기 시작했을 때는 어렵고 힘들기만 했습니다. 재미? 그런 건 전혀 없었지요. 살기 위해 반드시 써내야만 한다는 강박뿐이었습니다. 재미도 없고, 잘하지도 못하고, 모르는 것 투성이인 작업을 매일 몇 시간씩 반복한다는 건 그야말로 고역이었습니다.

그러던 어느 순간, 아주 조금 어떻게 쓰는 것인가 눈을 뜨기 시작했습니다. 거장들의 명문장과 비교할 바는 전혀 못 되고요. 일기 한 편을 겨우 쓸 수 있을 정도라고 표현하는 게 맞겠습니다. 기분은 아주 좋았습니다. 전혀 할 줄 모르던 일을 조금 할 수 있게 되었으니 기쁘고 보람 있었지요.

거장들의 책을 읽으며 다시 무너졌습니다. 조금 쓸 줄 알게 되었다고 생각했는데, 제 글은 그들에 비하면 초등학생 수준에도 미치지 못하는 정도였습니다. 나름 꽤 열심히 연습하고 훈련했다 생각했는데, 아직 갈 길이 훨씬 더 멀다는 사실을 알게 되니 힘이 쪽 빠졌습니다.

10년째 매일 글을 쓰고 있습니다. 지금은 생각이 다릅니다. '완성'을 위해 쓰는 것이 아니라, '점점 나아지고 있다'는 사실에만 초점 맞춥니다. 죽기 전에 엄청난 글을 쓸 수 있을까요? 그런 쪽에는 관심조차 없습니다. 제가 죽는 순간에는, 적어도 지금보다는 글이 나아져 있을 거라는 확신이 있습니다. 이것으로 충분합니다.

어느 시점까지만 공부하겠다는 '종료' 개념을 삭제했습니다. 그냥 계속하는 거지요. 마음을 이렇게 바꾸고 난 후부터, 글 쓰는 게 재미있고 흥미진진합니다. 아무런 강박도 없고 쫓기듯 쓰지도 않습니다. 새벽에 일어나면 노트북을 펼치고, 책을 읽고, 틈이 나면 다시 노트북 앞에 앉습니다. 재미 있으니까, 좋으니까, 즐길 수 있으니까, 따로 시간 내지 않고도 틈틈이 얼마든지 글을 쓸 수가 있게 되었습니다.

쓰는 시간이 점점 많아지니까 실력도 좋아집니다. 이렇게도 써보고 저렇게도 써봅니다. 일곱 권의 책을 출간했는데요. 지금 읽어보면 쥐구멍이라도 찾고 싶은 심정입니다. 얼마나 다행인가요! 저 스스로 실력을 쌓아 점점 나아지고 있다는 증거 아니겠습니까.

한 분야에서 두각을 나타내는 사람은 언제나 존재하게 마련입니다. 평범한 사람과 탑클래스 멤버들 사이에는 어떤 차이가 존재하는 걸까요? 어떻게 해야 성장과 발전 이루면서도 만족과 행복을 느낄 수 있는 걸까요?

첫째, 자기 실력보다 약간 높은 정도의 목표를 잡아야 합니다. 도전 정신이 생겨야 치고 나아갈 수 있습니다. 단, 현실 불가능한 목표는 안 됩니다. 누가 봐도 가능한, 그러나 까다롭고 어려운 수준의 목표. 이것이야말로 자신을 움직이는 동력이 될 수 있겠지요.

둘째, '안전'과 '편안'이라는 두 가지 욕구를 떨쳐내야 합니다. 살아온 이야기에 갇혀 있으면 과거 성취에만 연연하게 됩니다. 등을 돌린 채 뒤만 보며 운전하는 셈이죠. 지금과 앞으로 살아갈 인생에 초점 맞춰야 합니다. 위험도 있고 부담도 많고 실수와 실패도 존재할 겁니다. 미지의 영역에는 항상 이런 것들이 가득하지요. 위험을 무릅쓰고 기꺼이 나아가겠다는 진취적인 태도가 필요합니다.

셋째, 실력을 쌓아야 합니다. 공부해야 합니다. 시간과 노력을 투자해야 합니다. 많은 사람들이 이 부분에서 고개를 절레절레 흔듭니다. 더 고생하기 싫다는 뜻이죠. 더 힘들고 더 어려운 순간을 굳이 선택할 이유가 없다고 생각하는 겁니다. 분명한 것은, 더 나은 인생을 위해서는 치열한 성장기를 반드시 겪어야 한다는 사실입니다. 목표가 선명하고, 안전지대를 벗어날 용기만 있다면, 공부와 노력을 기울이는 힘든 순간조차도 보람과 행복으로 채울 수 있을 겁니다.

넷째, 훨씬 더 풍요롭고 활력 넘치는 인생을 만들 능력이 내 안에 있다는 사실을 받아들여야 합니다. 과거에 무슨 일을 얼마나 했든, 지금부터 남은 인생 상상조차 하기 힘들 정도로 달라질 수 있음이 명백합니다. 이 사실을 받아들이는 사람은 안주하지 않고 머물지 않고 나아갑니다. 아쉽게도, 다른 많은 이들은 자신의 가능성과 잠재력을 무시하고 현실에 만족하며 살아갑니다.

어텐션

다섯째, 세상과 타인을 위한 발자취를 남겨야 합니다. 우리 모두는 이 땅에 온 이유가 있습니다. 혼자 잘 먹고 잘 사는 것만 목적이 아니겠죠. 누군가의 삶에 보탬이 되고 도움을 주는 거룩한 행복을 맛보아야 합니다. 자신을 팽개치고 무조건 남 꽁무니만 쫓아다니라는 뜻이 아닙니다. '나'의 성장과 발전을 통해 다른 사람 인생도 함께 좋아질 수 있도록 노력하자는 거지요.

저도 한때는 현재에 안주하는 삶을 지향했습니다. 열심히 살아서 어느 정도 이뤄내고 나면, 내가 만든 그 성 안에서 편안하고 안전하게 살면 된다고 믿었지요. 그러나 이제는 잘 압니다. 인생에는 편안이나 안전 따위의 키워드가 존재하지 않는다는 사실을요.

살아온 인생을 한번 돌아보세요. 언제 한 번이라도 안전하거나 편안했던 적 있습니까? 혹시라도 그런 적 있다고 답하는 사람 있다면, 다시 묻고 싶습니다. 그런 안전과 편안을 지나 인생이 얼마나 좋아졌는가 하고 말이죠.

인생은 끝없는 모험의 여정임을 받아들여야 합니다. 늘 위험이 도사리고 있으며, 생각지도 못한 일들이 펼쳐지고, 사람들과 섞여 별 일이 다 일어나고, 사랑과 배신이 공존하며, 내가 바라는 꽃길만 펼쳐지는 일 절대로 없는, 이런 게 인생입니다.

비관적으로 살자는 뜻이 아닙니다. 그 모든 인생 역경과 고난에도 불구하고, 우리는 언제나 더 강한 존재라는 사실을 잊지 말자는 의미입니다. 가만히 있으면 휩쓸리지만, 앞으로 나아가 부딪치면 내가 이깁니다. 안전을 지키는 유일한 방법은 기꺼이 위험을 무릅쓰고 전진하는 것이죠.

어제는 다른 날과 달리 좀 힘들었습니다. 여러 가지 일이 동시에 벌어졌지요. 모두가 사람과 관련된 일이었습니다. 피곤하고 지쳤습니다. 다 때려치우고 싶다는 생각마저 들었습니다. 다들 자기 잇속만 차리려 하고, 다들 나를 이용하려고만 드는구나 싶었습니다. 아침에 일어나니까 기분이 상쾌했습니다. 그렇습니다. 불과 하루도 채 지나지 않아 달라질 내 감정 때문에, 어제라는 소중한 시간을 힘들게 보낸 셈이죠.

남은 삶에서도 매일 매 순간 힘들고 어려운 일들이 닥칠 겁니다. 위험을 무릅쓰고, 더 나은 인생을 위해, 공부와 노력을 게을리하지 않는, 그런 삶을 오늘도 살아내려 합니다.

어텐션

그 많은 일을 겪고도 멈추지 않았다

1. 첫 번째 책을 쓰고 출간했을 때, 이런 책을 누가 읽냐며 내용을 보지도 않고 악성 댓글을 다는 사람 많았다.

2. 강의를 처음 시작했을 때, 전과자 파산자가 무슨 강의를 하냐며 조롱하는 사람 많았다.

3. 무대에 서서 인사했다. "저는 전과자이며 파산자입니다. 그리고 알코올 중독자입니다." 인사가 끝나기 무섭게 가방을 챙겨 강의장을 휙 나가버리는 사람 있었다.

4. 글쓰기/책쓰기 수업을 진행하는데, 왜 자신을 성공시켜주지 않느냐며 불평과 불만을 제기하다가 오픈채팅방 분위기만 망쳐놓고 나가버린 사람 있었다. 그 사람은 아직도 여기저기 돌아다니며 성공을 구걸하고 있다.

5. 처음 강의를 듣고 책을 쓸 때는 간 쓸개 다 빼줄 것처럼 나한테 잘하더니, 책 내고 난 후에는 더 볼 게 없다는 듯 등을 돌리고

떠난 사람 부지기수다.

6. 뒤에서 나와 내 수업에 관해 근거도 없는 소문을 내며 험담하는 사람들 많았다. 지금도 있는지는 모르겠지만, 그들 중에서 단 한 명도 내 앞에서 당당히 말한 적 없었다. 그냥 계속 뒤에서 험담만 한다. 때로는 욕도 하는 것 같다.

7. 출간계약 체결하기 한 시간 전까지만 해도 수도 없이 전화를 걸어 상담을 청해놓고선, 계약서 사인하기 무섭게 돌변해서 혼자 힘으로 책 썼다며 블로그 포스팅 올리는 인간들도 적지 않았다. 힘이 쪽 빠졌다.

8. 특별히 잘해준 것도 없는데 "너무 좋다"며 방방 뛰다가, 딱히 잘못한 것도 없는데 "너무 별로"라며 혼자 씩씩거리는 사람도 많았다. 그럴 때마다 어안이 벙벙하다.

9. [자이언트 북 컨설팅]을 자기 영업 시장으로 만들려는 사람도 많았다. 글도 안 쓰고 책도 안 쓰면서 사람들 모아 엉뚱한 사업 얘기만 한다.

10. 성실하게 강의 잘 듣는가 싶었는데, 어느 순간 딴 곳에 가서 내 자료와 강의내용을 들고 마치 자기 것인 양 도용해서 강의하는 인간도 몇 있었다. 기가 차서 말이 안 나오는데, 그들 중 일부는 아직도 뻔뻔스럽게 오픈채팅방 등에서 고개 들고 활동중이다.

어텐션

백 가지도 넘는데, 불과 열 가지 항목 적으면서 마음속이 먹물로 뒤덮인 것 같아 더 이상 쓰지를 못하겠습니다. 이 정도만 해도 얼마나 다양한 일들이 벌어지는가 이해할 수는 있을 거라 짐작합니다. 제가 하고 싶은 이야기는, "그냥 계속하라"는 말입니다.

무슨 일을 하든 별일이 다 생깁니다. 그게 인생이고, 그것이 사업입니다. 머릿속에는 꽃길만 펼쳐져 있겠지만, 실제는 전혀 다르다는 사실을 알아야 합니다. 개판입니다. 엉망입니다. 무엇을 상상하든 그이상의 일이 벌어질 겁니다. 그러니, 말랑말랑한 생각일랑 집어치우고 폭풍우 몰아쳐도 계속 나아갈 거라는 작심을 단단히 하고 시작해야 합니다.

좋은 소식도 있습니다. 당신이 이 악물고 계속하기만 하면, 생각보다 빨리 그리고 더 크게 성공할 거라는 사실입니다. 어떻게 이리 확신할 수 있을까요. 지난 8년간의 경험 덕분입니다. 실력 있는 놈도 많고 기회 잘 잡는 놈도 있습니다. 그러나, 끈기 있는 놈은 드뭅니다. 다들 하다가 접습니다. 중도에 멈춥니다. 끝까지 가는 놈 없습니다. 힘들 때마다 이 사실을 기억하세요! 한 걸음만 더 가면 이깁니다.

지금은 능력이나 기술로 성공하는 시대가 아닙니다. 무조건 계속하는 사람이 이기는 세상이지요. 주변을 둘러보세요. 1인기업가 중에서 10년 버티는 경우 극히 드물다는 사실을 바로 알 수 있을 겁니다. 10년이 뭔가요. 10개월 지속하는 사람 찾기도 힘듭니다.

목표 정하고, 당장 시작하세요! 절대로 멈추지 마세요! 무슨 일이 벌어지든, 누가 뭐라고 하든, 그냥 계속 나아가기만 하면 됩니다. 인생에도 정답 없고 사업에도 정도 없습니다. 내가 가는 길이 답이고 최선입니다. 우직하게, 묵묵하게, 당당하게! 그렇게 나아가면 무조건 성공할 수 있습니다.

마음이 너무 조급합니다. 샴페인을 너무 빨리 터트립니다. 포기도 빠릅니다. 자책도 심합니다. 이런 현상이 생긴 것은 모두 스마트폰과 SNS 탓입니다. 남들은 다 잘 사는 것 같고, 성공도 빨리 잘하는 것 같고, 좋은 옷에 좋은 음식만 먹는 것 같습니다. 상대적 박탈감에 초라해지는 것이죠. 자신도 빨리 뭔가 성취해야 할 것만 같은데 뭘 해도 뜻대로 풀리지 않으니 답답하기만 합니다. 이런 마음이 누적되니까 우울증과 무기력증까지 더해집니다. 비법, 묘법, 지름길이 있는 게 분명하다는 착각을 하게 되고 그런 것들만 찾아 헤매며 시간을 낭비합니다.

이 모든 것이 가짜 세상입니다. 속으면 나만 손해입니다. 성공에는 노력과 시간이 필요합니다. 당연한 얘기! 그 어떤 비법이나 지름길도 존재하지 않습니다. 쉽고 빠른 방법 있는 줄 알고 덤볐다가 소중한 내 인생 절반을 날려먹었습니다. 치가 떨립니다. 속은 제가 바보지요. 남은 삶에서는 절대로 남의 인생 쳐다보면서 부러워하거나 겉모습만 보고 섣불리 판단하는 일 없도록 할 겁니다.

지난 8년간 제게 일어난 모든 일을 다시 겪으라 하면, 정말이지 숨이 콱 막힐 것 같습니다. 그럼에도 한 가지 확실한 것은, 또 그런 상황이 생기더라도 결코 포기하지 않을 거라는 사실입니다. 그냥 갑니다. 계속 갑니다. 이것이 저의 길이며, 공부하고 노력하는 정도로만 본다면 누구도 나를 이길 수 없을 거라는 확신을 갖고 있기 때문입니다.

언제나 더 나아질 수 있다

언제 어디서 어떤 일을 하든, 우리는 항상 더 나아질 가능성을 갖고 있습니다. 최선을 다했어도 더 좋아질 수 있습니다. 더 못 하겠다 싶어도 또 성장할 수 있습니다. 이게 전부다 생각하지만 항상 더 나아갈 수 있습니다.

공자님 말씀 같지만, 사실은 인생에서 이보다 엄청난 진리는 찾기 힘들지요. 목표를 달성했는데도 더 좋아질 수 있다니! 내 인생 이게 전부인가 싶은데 더 나아질 수 있다니! 살아가는 모든 날만큼 더 나아질 수 있다는 건 그야말로 축복이자 기적이 아니겠습니까.

포기하고 실망하고 좌절할 이유가 없습니다. 고작 한 번 실패했을 뿐이니까요. 고작 열 번 쓰러졌을 뿐입니다. 고작 백 번 무너졌을 뿐입니다. 언제나 더 나아질 수 있으니, 다시 일어나서 도전하면 됩니다. 그뿐입니다.

어텐션

자신의 첫 책이 마음에 들지 않는다며 실망하는 사람 종종 있는
데요. 괜찮습니다. 두 번째 책을 쓰면 되지요. 첫 책보다 나을 겁니다.
좋아질 겁니다. 열 권쯤 쓰면 열 배로 좋아질 테지요. 무슨 걱정입니
까. 우리는 그저, 매일 쓰기만 하면 됩니다. 이제 강의를 막 시작했는
데 수강생 모집이 여의치 않다며 의기소침하는 사람 있습니다. 특강
을 다시 열면 됩니다. 정규과정을 또 개강하면 됩니다. 조금씩 나아
질 겁니다. 더 좋아질 겁니다. 점점 달라질 겁니다. 염려할 것 하나도
없습니다. 계속 좋아질 텐데 뭐가 문제입니까. 우리는 그저, 매번 개
강하고 강의하면 됩니다. 그뿐입니다.

빠른 속도로 달라지고 싶다고요? 저는 '빨리'라는 말 싫어하고, 그
런 조급한 마음 가진 사람한테 조언해드릴 마음이 없습니다. 그러나,
더 좋아지고 더 나아지는 속도를 조금은 빠르게 할 수 있는 방법이
존재하는 건 사실입니다. 저의 경험 몇 가지를 풀어놓습니다.

첫째, 방법을 바꿔야 합니다. 주변에 자기계발 열심히 하는 사람
많은데요. 좀 이상합니다. 자기계발 열심히 하면서도, 늘 같은 방법
으로 일합니다. 자기계발 열심히 하는 이유가 '달라지기 위해서' 아
닌가요? 그런데도 계속 같은 방식만 고집하는 것은 습관일 가능성
이 매우 높습니다. 일하는 방식을 바꿔가며 계속해야 더 빠른 속도
로 좋아질 수 있습니다.

둘째, 공부해야 합니다. 모르고 열심히 하는 것과 알고 열심히 하는 것은 하늘과 땅 차이죠. 글쓰기만 봐도 그렇습니다. 문장 쓰는 방법을 하나씩 배우면서 쓰는 사람은 아무래도 글이 다릅니다. 무턱대로 쓰는 사람은 아무리 많이 써도 별로 달라지지 않습니다. 무슨 일을 하든 배우고 익히며 연습해야 향상되는 속도가 빨라집니다.

셋째, 위 두 가지 내용을 실천한다는 가정하에 물리적 양을 극대화 시켜야 합니다. 글 쓰는 사람이라면 많이 써야 하고요. 독서 도전하는 사람이라면 많이 읽어야 합니다. 운동하는 사람은 많이 운동해야 하고, 뭘 배우는 사람은 연습 많이 해야 합니다. 물리적 양의 극대화가 질적 향상을 가져옵니다. 더 빨리 성장하고 싶다면 매일 더 많이 해야 합니다.

지인들과 약속 한 번 잡기 힘듭니다. 다섯 명 모이려면 꼭 한두 명 일정이 맞지 않습니다. 날짜와 시간 조종하다가 그냥 다음에 보자 무산되기 일쑤입니다. 이런 현상을 지켜보면서, 참 다들 바쁘게 산다 생각하게 됩니다. 누구 하나 열심히 살지 않는 사람 없지요.

그럼에도 두각을 나타내는 사람은 극히 적습니다. 열심히 노력하는데도 뚜렷한 성과가 나오지 않는다면, 멈춰 서서 뒤를 돌아보고 지금을 점검하고 앞으로 나아가는 방식을 바꿔야 합니다. 더 좋아질 수 있는 가능성이 선명한데도 기존 방식을 고집하는 것만큼 어리석

어텐션

은 일도 없겠지요.

성공의 법칙은 늘 단순합니다. 목표를 세우고, 해야 할 일을 정하고, 그 일을 시작하고 계속하고 끝내는 것이죠. 이 과정에서 지속적으로 "수정/보완/개선"을 해 나가면 누구나 일정 수준 이상의 위치에 다다를 수 있습니다. 더 나아질 수 있습니다. 더 좋아질 수 있습니다. 더 높이 오를 수 있습니다.

한 가지 짚고 가겠습니다. 저는 지금 "더 나아질 수 있다"는 사실을 강조하고 있습니다. 그러나, 끝도 없이 더 많은 걸 요구하라는 뜻은 결코 아닙니다. 능력과 노력에 대한 보상은 언제나 더 좋아질 수 있지만, 욕심과는 명확히 구분되어야 합니다.

주변을 보면, 10만큼 노력하면서 100을 바라는 이들이 적지 않습니다. 그들의 특징은 '당당하다'는 것이지요. 누가 봐도 피라미 정도 노력밖에 하지 않았는데, 자신은 최선을 다했다며 큰소리칩니다. 정상적인 확장이나 향상이 아니라 나쁜 고집이며 이기적인 생각인 동시에 남한테 피해까지 주는 행태입니다.

대표적인 경우가 글쓰기입니다. 석 달 동안 열심히 글을 썼는데, 아무 달라지는 게 없다며 하소연합니다. 저는 10년 썼는데요. 글이라는 게 몇 달 쓴다고 해서 확 달라지는 그런 분야가 아닙니다. 그렇게 마음 조급하게 이익 따질 거면, 차라리 주식이나 도박을 하는 게 낫습니다. 겸손한 마음으로 공부하고 노력하면서 어제보다 나아지는 자신을 성찰할 수 있어야 합니다. 보상은 언제나 알아서 오게 마련이지요.

지금 잘하고 있습니다. 그러나, 더 잘할 수 있습니다. 지금도 좋습니다. 하지만, 더 좋아질 수 있습니다. 내 인생 최고의 날은 아직 오지 않았습니다. 이 얼마나 멋진 삶의 법칙인가요!

chapter 6

나,
인생 최고의
가치를
실현하라

존재 가치를 찾는 방법

살아 있음을 깨닫고 살아가는 이유를 알았을 때, 그 희열과 벅참은 표현하기 힘들 정도입니다. 저는 이런 생각을 감옥에서 하게 되었으니 인생 참 알 수 없습니다. 큰 실패와 좌절을 겪으면 일반적으로 존재 가치를 상실하게 마련인데요. 저는 글 쓰고 책 읽은 덕분에 최악의 상황에서 살아야 할 이유를 찾았으니 감사하게 여겨야겠지요.

요즘 어떻게 지내냐는 질문에 "끝내준다!"고 대답합니다. 그만큼 제 삶에 만족하고 감사하며 보람을 느낀다는 뜻입니다. 힘든 일도 많고 어려운 점도 없지 않습니다. 인생이 쉬워서 좋다는 의미가 아니라, 시련과 고통이 찾아와도 얼마든지 견딜 수 있기 때문에 행복하다는 말입니다.

자신감 없고 자존감 낮으며 도무지 사는 재미를 느끼지 못하겠다는 분들 많이 만납니다. 안타깝습니다. 각자의 자리에서 열심히 살면

어텐션

서도 보람과 희열을 느끼지 못하니까 얼마나 괴롭겠습니까. 그런 분들에게 저의 경험을 나누고자 합니다. 자신의 존재 가치를 찾는 네 가지 방법을 소개합니다.

첫째, 무엇을 도울 수 있는가? 불우이웃돕기 성금을 내라는 소리가 아닙니다. 능력을 발휘하자는 뜻입니다. 자신이 대체 누구를 위해 무엇을 도울 수 있는가 감조차 잡지 못하는 사람 많은데요. 능력이 없는 게 아니라 생각해 보지 않았을 뿐입니다. 누구에게나 힘이 있습니다. 어떤 힘이냐 하면요. 다른 사람을 위로하고 용기와 힘을 줄 수 있는 힘입니다. 당장 눈앞에 어떤 소녀가 주저앉아 펑펑 울고 있다고 칩시다. 주변에 사람은 없고 오직 나만 있습니다. 그럴 때, 그냥 모른 척 지나치겠습니까? 아니면, 잠시라도 시간을 내어 그 소녀에게 따뜻한 말이라도 건네겠습니까? 어떤 상황인지도 모르고 어떤 말을 건네야 할지도 모릅니다. 중요한 것은, 그냥 무시하고 지나치는 사람은 없을 거라는 사실이지요. 우리 안에 품고 있는 타인을 위하는 마음. 절대로 무시하지 말아야 합니다. 측은지심과 배려를 끄집어내기 위해 노력하다 보면, 자신이 누구를 위해 무엇을 할 수 있는가 찾을 수 있습니다. 바로 그것이 소명이자 자신의 가치입니다.

둘째, 다른 일과는 달리 조금이라도 활력 넘치는 때는 언제인지 떠올려봅니다. 계속 기쁜 사람 없습니다. 끝도 없이 우울한 사람도 없습니다. 인간의 감정이란 항상 들쑥날쑥거리기 때문에, 조금 좋다가도 금방 실망하고 또 좌절했다가도 다시 일어서게 마련입니다. 관심을 갖고 자신을 살펴야 합니다. 언제 기분이 좋고, 어떤 때에 즐거우며, 누구와 어디서 무엇을 할 때 행복한지 찾는 것이죠. 즐길 수 있는 일을 하면서 살아야 합니다. 오락, 유흥, 쾌락처럼 일차원적인 즐거움이 아닙니다. 마음 깊은 곳에서부터 우러나오는 보람과 희열과 순수한 즐거움이죠. 누구에게나 이런 순간은 반드시 있습니다. 대수롭지 않게 여긴 탓에 제대로 찾지 못하고 살았을 뿐입니다. 늦지 않았습니다. 지금부터라도 자신의 '즐거움'을 적극적으로 찾아야 합니다.

셋째, 수다를 떨 수 있는 분야에 대해 생각해봅니다. 알지 못하는 주제에 대해 이야기를 나누면 저절로 입을 다물게 됩니다. 자신이 좋아하고 잘 아는 분야에 대해 이야기를 하면 쉴 새 없이 수다를 떨게 되지요. 말을 많이 하게 되는 분야를 찾아야 합니다. 그것이 '나의 강점'일 확률이 매우 높습니다. 대학원 박사 학위 과정에 대해 이야기하면 저는 끼어들 수가 없습니다. 뭘 알아야 한 마디라도 하지요. 그러니까 저는, 대학원 박사 학위 과정에 대해서는 누구에게도 아무런 도움을 줄 수 없습니다. 글쓰기/책쓰기에 대한 이야기를 나누면 어떨까요? 밤 샐 수 있습니다. 일주일 아니 한 달 내내 말할 수 있습니다. 끝도 없습니다. 지치지도 않습니다. 계속 수다를 떨 수 있습니다. 이것이 저의 주제입니다. 글쓰기/책쓰기가 제 삶의 콘텐츠인 셈입니다.

넷째, 남들이 쉽게 이해하지 못하는 나만의 생각은 무엇인지 짚어봅니다. 도저히 이해할 수 없다, 넌 대체 왜 그러냐, 그게 무슨 재미가 있느냐…. 남들이 나를 보고 이런 말을 한다면, 바로 그 일이 내 존재 가치가 될 가능성이 큽니다. 남과 다르다는 것은 이미 성공 가능성이 크다는 뜻입니다. 요즘 같은 세상에 남들과 비슷한 생각이나 말과 행동으로 성공하겠다 마음먹는 것은 실패하겠다 작정하는 것에 다름 아닙니다. 독특하고 이상하고 별스러워도, 그것이 내 진짜 모습이라면 눈치 보지 말고 밀어붙여야 합니다. 다른 사람한테 피해를 주지 않는 선에서, 나의 스타일을 제대로 살리는 것이 나중에 후회를 줄이는 유일한 길입니다. 하지 못할 이유가 없지요. 문제라고 할 만한 게 있다면, 자신이 무엇을 좋아하는지 모른다는 사실입니다. 자꾸만 밖으로 시선을 돌리고, 밖에서 행복을 찾으려 하니까 모를 수밖에요. 이제부터라도 자신의 목소리에 귀를 기울이고, 자기 마음이 어디로 향하고 있는가 주의 깊게 관찰할 필요가 있습니다.

그냥 사는 게 최고라고 한결같이 주장합니다. 그러나, '그냥'이라는 말 자체를 이해하지 못하는 사람도 적지 않습니다. 본인이 납득하지 못하는 말을 억지로 행하려고 노력할 필요는 없습니다. 어떤 방법으로든 존재 가치를 찾고, 소명에 따라 살 수 있다면 더 문제될 것이 없겠지요.

딱 세 가지 기도만 해야 한다면

컴퓨터는 입력과 출력을 연산 장치로만 합니다. 거기에는 어떤 의미도 포함되지 않습니다. 사람은 다릅니다. 입력된 내용이 출력될 때, 어떤 의미로 출력되는가가 중요합니다. 그래서 사람은, 같은 내용이 입력되어도 출력이 다르게 마련입니다.

바로 이 '의미'라는 것이 인간에게는 중요합니다. 살아온 환경, 교육, 유전, 취향, 성격 등에 따라 '의미'는 달라집니다. '의미'가 강해질 수록 의지와 집념도 강해지고, 별 '의미'가 없다 싶을 때 의욕이 상실되는 법이지요.

살다 보면, 자신의 생각과는 다르게 인생이 진행되는 경우도 있습니다. 방황과 갈등이 생기는 것이죠. 이럴 때 도움되는 것이 종교입니다. 어딘가에 마음을 기대고, 그로 인해 위로받고 희망을 갖기도 합니다. 저는 신앙을 갖고 있지 않습니다만, 만약 소원을 들어주는

어텐션

신이 있어서 세 가지 소원만 들어준다면 이렇게 기도하고 싶습니다.

첫째, 제 삶이 옳다는 신념을 잃지 않도록 해주십시오. 쓰라린 실패를 경험했을 때, 모든 것이 잘못되었다고 생각하며 스스로 비관한 적 있습니다. 돌이켜보면, 그때가 제일 아팠습니다. 삶의 특성 중 하나는 과거로 돌아갈 수 없다는 것이죠. 지나간 일에 얽매여 괴로워하는 것만큼 어리석은 일은 없습니다. 우리에게는 늘 '지금'만 있을 뿐입니다. 실수하고 실패했을 때, 지금에 집중하기란 여간 어려운 일이 아니거든요. 남은 인생에서 또 다시 시련과 고통을 겪게 된다면, 그때는 제 인생이 옳다는 확신을 갖고 이겨내려 합니다. 반드시 그렇게 할 수 있도록 신께도 도움을 청합니다.

둘째, 다른 사람들을 바로잡으려는 욕구를 없애주시기 바랍니다. 잘할 수 있도록 돕는 것과 잘못을 뜯어고치려 하는 것은 전혀 다른 문제입니다. 사람은 여간해서는 변화하지 않습니다. 사람마다 장점과 단점 있게 마련이고요. 나와 다르다고 해서 잘못은 아니거든요. 눈엣가시처럼, 말과 행동이 탐탁지 않을 때가 많습니다. 그럴 때마다 제 생각과 말과 행동이 옳다고 우기며 상대를 바꾸려 했습니다. 이것이 얼마나 못났고, 말도 안 되는 짓인가를 깨달았습니다. 함부로 타인을 바꾸려는 습성, 다른 사람을 전부 내 식대로 해석하는 착각을 하지 않도록 신께서 도와주시길 바랍니다.

셋째, 나에게 잘해주는 사람에게 감사하고, 오직 그 마음을 잊지 않게 해주십시오. 나를 미워하고 시기하는 사람이 있는가 하면, 어떠한 경우에도 나를 아끼고 사랑해주는 이들이 있습니다. 안타깝게도, 지금까지는 증오하고 시기하는 이들과 맞서 불통한 마음으로 산 적이 더 많습니다. 미안합니다. 내게 잘해준 사람들, 그들의 마음을 소홀히 했습니다. 남은 인생에서는, 나를 좋아하고 아껴주는 이들만 생각하겠습니다. 그들에게 품을 내어주고, 그들에게 감사하고, 그들을 돕기 위해 살겠습니다. 어차피 나를 싫어하는 사람들은 나보다 못한 사람들입니다. 소중한 감정 낭비하며 일일이 상대할 가치가 없었던 것이지요. 나를 아끼고 사랑해주는 사람들은 나보다 나은 이들입니다. 그들에게 배우며 함께 성장해 나아가는 것이 마땅한 일이겠지요.

한때는 저도 돈, 성공, 부자 등의 단어로 기도한 적 있습니다. 이제 와서 얘기지만, 신이 얼마나 저를 안타깝게 여겼을까 부끄러운 마음 더 없습니다. 흔히 인생을 지구별 여행이라고도 합니다. 잠시 다녀가는 것이죠. 이 찰나의 순간 동안, 더 가지려고 하고 더 오르려고만 했으니 얼마나 우스운 꼴입니까. 결국은 다 놓고 떠나야 하는데 말입니다.

지금 생각하는 이 세 가지 기도가 살면서 바뀔지도 모르겠습니다. 그럼에도 확신할 수 있는 것은, 어떤 내용의 기도일지라도 저 자신에게 부끄럽지 않은 내용을 담을 거란 사실입니다. 기도를 하고 나니까, 꼭 그렇게 살아가야겠다는 다짐을 하게 됩니다. 신께 빌었는데 제 마음이 달라지네요. 이래서 기도를 해야 하나 봅니다.

한 번에 하나씩

사람은 한 번에 두 가지 일을 하지 못합니다. 두 가지 이상의 일을 한꺼번에 하고 있다는 착각을 할 뿐이죠. 심리학에서 말하는 "빠른 작업 전환"입니다. 강의를 들으면서 필기하는 경우를 떠올려보면 이해하기 쉽습니다. 두 가지를 "동시에" 하는 게 아니라, 강의를 듣는 일과 필기하는 일을 빠른 속도로 왔다갔다 하는 겁니다.

아무리 빠른 속도로 작업을 오고 간다 하더라도, 순간적으로 놓치는 게 생길 수밖에 없습니다. 집중력이 떨어진다는 뜻입니다. 세 가지 일을 한꺼번에 하면 어떻게 될까요? 네, 맞습니다. 집중력은 더 떨어지게 마련입니다.

'멀티태스팅'이란 말이 있지요. '다중작업' 또는 '다중과업화'라고도 하는데요. 컴퓨터 하드웨어 기술 발달과 용량 증가에 따라 여러 작업을 한꺼번에 처리하는 것이 가능해졌을 때 나온 말입니다. 기계

어텐션

와 인간은 다릅니다.

인간의 뇌는 한 번에 하나씩밖에 처리할 수 없습니다. 여러 가지 일을 동시에 처리하려고 할수록 집중력이 분산되고 업무 효율이 떨어집니다. 오류가 발생할 확률도 높아집니다. 업무의 우선순위를 명확하게 구분하지 못해 분별력과 판단력도 저하됩니다. 바쁘다는 이유로 두 가지 이상의 일을 한꺼번에 처리하려고 하면 실제로는 성과를 제대로 내기 어렵다는 의미입니다.

한 번에 하나씩 처리해야 합니다. 세 가지 태도가 필요합니다. 첫째, 조급함을 내려놓아야 합니다. 마음이 급하다고 해서 일을 아무렇게나 처리할 수는 없지 않겠습니까. 둘째, 우선순위를 명확하게 구분해야 합니다. 중요한 일과 덜 중요한 일. 이것을 제대로 구분할 줄만 알아도 인생 효율은 훨씬 높아집니다. 셋째, 집중해야 합니다. 인공지능은 갈수록 정밀해지는데, 인간은 갈수록 대충 습관을 키우는 듯합니다. 집중해야 바위도 뚫을 수 있습니다.

사람은 누구나 최고의 결과를 바랍니다. 실제로 그렇게 할 수 있고요. 한 번에 하나씩, 조급함을 내려놓고 우선순위를 정하고 집중하면 누구나 자신의 영역에서 최고의 성과를 낼 수 있습니다.

글쓰기도 똑같습니다. 한 번에 한 줄씩, 한 문단씩, 한 편씩만 쓸 수 있습니다. 특히 글쓰기는 고도의 집중력이 필요한 작업입니다. 생각이 분산되면 글도 흩어지게 마련이지요. 횡설수설하게 됩니다. 글이 산으로 갑니다. 맥락 갖추고 일관성 있는 메시지를 전달하기 위해서는 지금 쓰는 글에만 집중해야 합니다.

대부분 초보 작가가 '어제 쓴 글'에 미련을 갖습니다. '내일 쓸 글'을 미리 걱정합니다. 과거와 미래에 신경 쓰느라 지금을 놓치는 경우입니다. 초고를 완성하고 나면 고치고 다듬을 수 있는 기회가 얼마든지 있습니다. 그럼에도 당장 잘 써야 한다는 부담을 내려놓지 못합니다. 이미 쓴 초고를 들춰보거나 앞으로 쓰게 될 글에 대한 염려를 놓지 못하는 것이죠.

오늘은 딱 한 편만 쓰면 됩니다. 게으름을 피워서도 안 되겠지만, 욕심을 부리는 것도 마땅치 않습니다. 당장 책 한 권 내는 것도 중요하지만, 미련과 집착을 버리고 불안과 걱정을 잠재우는 것도 꼭 배워야 할 인생 노하우입니다.

글을 쓰면서 스마트폰을 수시로 확인하는 사람도 많습니다. A4용지 1.5매 분량, 원고지로 환산하면 약 12매~15매 정도 되는데요. 결코 만만한 양이 아닙니다. 초집중 모드로 글을 써도 중심 잡기 힘든데, 틈 날 때마다 스마트폰 보면서 어떻게 글을 쓴다는 말인지 이해하기 힘듭니다.

글 쓰다가 전화 통화를 하거나 유튜브 보는 사람도 적지 않습니다. 이렇게 쓰면서도 항상 말로는 "최선을 다했다"고 합니다. 자녀가

어텐션

통화도 하고 유튜브도 보고 수시로 스마트폰 만지작거리면서 공부 열심히 했다고 말하면 부모는 뭐라고 지도해야 할까요? 열심과 최선 이라는 단어의 뜻부터 다시 가르쳐야 하겠지요.

글 잘 쓰고 돈 잘 버는 것도 중요하겠지만, 태도가 훨씬 중요합 니다. 태도 엉망인 사람은 글 써도 소용 없고 책 읽어도 가치 없으며 돈 많이 벌어도 아무 쓸모 없습니다. 인생은 태도가 9할입니다. 한 가지 일에 집중하며 정성을 쏟는 노력이야말로 진정한 변화와 성장 이 아닐까요.

한 번에 하나씩, 한 번에 한 편씩, 한 번에 한 사람만! 하나씩 쌓아 올려야 탑을 완성할 수 있습니다. 그 하나가 결국에는 콘텐츠가 되고 브랜드가 되는 것이죠.

사는 게 힘들다면, "지금, 여기" 존재하기

과거 저는 매 순간 열심히 잘 살고 있다고 생각했습니다. 그런데, 열심히 살수록 점점 더 힘들기만 했습니다. 처음엔 그런 삶의 무게가 시간이 지날수록 가벼워질 거라고 믿었지요. 회사 생활을 약 10년간 했었는데요. 글쎄요. 아무리 세월이 흘러도 인생은 결코 가벼워지지 않았습니다.

주변을 돌아보면, 저뿐만 아니라 누구나 다 고생하고 힘들게 살아가고 있었습니다. 저 또한 그런 삶이 당연하다고 느낄 수밖에 없었지요. 원래 인생이란 어렵고 힘든 것이고, 젊어 고생은 사서도 한다는 말이 있으니 꾹 참고 계속 일하다 보면 좋은 날 오겠지 생각했습니다.

몸과 마음은 지쳐가는데 수중에 돈은 별로 없었습니다. 대기업에 다녔기 때문에 다른 친구들보다는 몇 푼 더 벌었지만, 한 달 생활비와 고정 지출 빼고 나면 역시나 카드 하나 믿고 살아갈 수밖에 없었

어텐션

습니다. 사는 게 하나도 재미없고, 대체 무엇 때문에 이 고생을 해야 하나 회의만 가득했습니다.

　제가 바라는 건 딱 한 가지였습니다. 마음이 좀 편안했으면 좋겠다는 바람이었죠. 돈 욕심도 내려놓을 수 있었습니다. 몸 피곤한 것도 참고 견딜 만했습니다. 그런데, 이놈의 마음 불편한 것은 도무지 극복하기가 쉽지 않았습니다.

　매일 걱정했습니다. 매일 스트레스 받았고, 매일 근심 속에 살았습니다. 불안하고 초조했습니다. 내가 잘하고 있는 걸까? 남들은 환하게 웃으며 사는 것 같은데 맨날 저만 죽을 지경인 것 같았습니다. 뭔가 정답이 있는데, 저는 그걸 모른 채 살아가는 듯했지요. 당시에는 사업에 실패하기도 전이었거든요. 엄밀히 말하자면 불행할 이유도 없었던 때입니다. 그럼에도 매일이 시련의 연속인 것처럼, 하루하루 한숨만 내쉬며 살았습니다.

　출근길에는 버스 안에서 이어폰을 귀에 꽂고 잔잔한 음악을 들으며 눈을 붙였습니다. 길을 걸을 땐 늘 업무상 통화를 했고요. 출근하면 서류 더미에 파묻혀 살았고, 퇴근길엔 술에 취해 비틀거렸습니다. 왼쪽 가슴에 회사 뱃지를 달고 살았는데요. 주변 사람들은 저를 볼 때마다 대단하다 멋지다는 말을 했습니다. 실체는 모른 채 배지만 보고 하는 소리였죠. 그런 말을 들을 때마다 저는 겉으로는 웃으면서

속으로는 쓴맛을 삼켜야 했습니다. 큰 실패를 겪고, 10년 넘게 매일 글을 쓰고 책을 읽다 보니, 이제야 그 시절 불행의 원인을 알게 되었습니다. 저는 매 순간 '다른 세상'에서 살았던 겁니다.

출근길엔 버스에 앉아 창밖을 바라보아야 했습니다. 길을 걸을 땐 길거리 풍경과 사람들 모습에 주목했어야 합니다. 출근해서 일할 땐 빡세게 하는 게 맞았지만, 퇴근 후엔 충분한 자유를 누려야 했던 것이죠. 그 시간엔 그 시간을 누려야 합니다. 그 자리에선 그 자리에 집중해야 합니다. 지금 내가 서 있는 자리! 오직 그것만이 우리가 말하는 인생입니다.

저는 지금 아들이 어렸을 적에 쓰던 아동용 테이블에 맥북을 올려놓은 채 글을 쓰고 있습니다. 지금 여기에 서 있는 저는 온전히 작가입니다. 밤 12시부터 새벽 4시까지는 잠을 잡니다. 그 순간 저는 온전히 '잠자는 존재'인 것이죠. 강의할 땐 강사가 됩니다. 책 읽을 땐 독서하는 사람이 되고요. 책을 집필할 땐 작가가 됩니다. 아버지 어머니와 대화할 땐 온전히 아들이 되고, 아들과 이야기할 땐 온전히 아빠가 됩니다. 지금 여기, 그 사람이 바로 저의 정체성입니다.

카페에서 친구와 마주앉아도 서로 스마트폰 보기 바쁩니다. 술자리에서도 마찬가지입니다. 어디에서 무얼 하든 그놈의 스마트폰 때문에 도무지 집중을 할 수가 없습니다. 회사에 출근하면 집 생각을 하고, 퇴근하면 회사 업무 생각을 합니다. 공부하면 놀고 싶고, 실컷

놀다 보면 공부 걱정을 하지요. 아침 먹을 땐 점심 반찬 걱정을 하고, 아이들 유치원 보낸 후엔 다시 아이들 집으로 돌아올 걱정을 합니다.

생각이 늘 '지금, 여기'에 있어야 하는데, 실제로 우리 일상을 보면 생각이 늘 '딴 곳'에 가 있는 경우가 허다합니다. 몸은 현재에 있는데 생각은 과거나 미래에 가 있으니 온전히 '지금'을 누릴 수가 없는 것이죠. 불행할 수밖에 없습니다. 과거 제가 매 순간 힘들기만 했던 이유입니다.

생각도 습관입니다. 그래서 처음 시도할 땐 어색하고 힘들 수 있습니다. '지금, 여기'에 존재한다는 것 자체가 익숙지 않기 때문입니다. 하지만, 조금씩 연습을 반복하다 보면 어느 새 사는 것이 재미있고 흥미로운 일이란 사실을 발견할 수 있습니다.

명상을 하는 이유도 다르지 않습니다. 고요히 앉아서 차분하게 호흡하며 '걱정하는' 명상이 어디 있겠습니까. 그저 지금 이 자리에 존재하는 '나'를 느끼는 시간이지요. 성공한 사람 대부분이 명상을 즐긴다고 합니다. '지금'에 집중하고 몰입하니까 당연히 일도 사람 관계도 술술 풀릴 수밖에 없을 겁니다.

일단 생각을 멈춰야 하고요. 다음으로 내가 지금 어디에서 어떤 존재로 서 있는가 확인해야 합니다. 어떤 마음으로 무엇을 해야 하는가 존재 가치를 떠올린 후, 그 일에 집중하고 몰입하는 것이죠. 자신을 고정적인 존재로 여기지 말고, 매 순간 흐르고 변화하는 물처럼 인식해야 합니다. 얼마나 자유로운지 말도 못 합니다.

　세상살이 팍팍합니다. 뜻대로 되는 일도 잘 없지요. 노력하는 만큼 성과도 나오지 않고, 삶의 여유를 갖기도 힘듭니다. 부정적인 생각을 하기 시작하면 끝도 없습니다. 지금 여기 온전히 존재하는 것만으로 살아낼 만한 가치를 느낄 수 있다면, 한번 시도해볼 만하지 않겠습니까.

시도하지 말고 시작하세요

운전을 하면 차가 앞으로 나아갑니다. 운전을 하지 않으면 차는 제자리에서 꼼짝 않습니다. 운전을 시도한다는 건 대체 무슨 말일까요? 운전을 하면 하는 것이고 안 하면 안 하는 것이지 시도한다는 건 도대체 어떤 의미인가요?

공부를 하면 성적이 오릅니다. 공부를 하지 않으면 성적이 떨어지지요. 공부를 하지 않는 사람은 적어도 다른 뭔가를 하면서 놀았다는 쾌감이라도 맛봅니다. 그런데, 공부를 시도한다는 건 무슨 말일까요? 공부하는 것도 아니고 그렇다고 노는 것도 아니고 어영부영 시간만 보낸다는 말인가요?

운동을 하면 체력이 좋아집니다. 운동을 하지 않으면 체력이 떨어집니다. 운동을 시도한다는 건 무슨 의미인가요? 운동을 한다는 얘기입니까? 아니면, 하지 않는다는 말입니까?

냉철하게 판단해야 합니다. 세상엔 두 가지뿐입니다. 한다, 하지 않는다. 시도한다는 말은 없습니다. 정의를 내리기도 힘듭니다. SNS를 가만히 보고 있으면 "성공을 시도하는" 사람이 셀 수 없이 많습니다.

"성공 한번 해볼까?"

"나도 성공하고 싶다!"

이런 마음으로는 결코 성공 근처에도 가지 못합니다.

최고의 독서법은 책을 읽는 것이지요. 어떻게 읽어야 하는가 방법을 찾고, 결과에 연연하느라 집중하지 못하면, 읽으나 마나 아무 소용 없습니다. 최고의 글쓰기 비법은 글을 쓰는 것이지요. 언제 우리가 방법 몰라서 못한 적 있습니까. 책 읽는 사람보다 책 읽기를 시도하는 사람이 많고, 글 쓰는 사람보다 글쓰기를 시도하는 사람이 많습니다. 시도하는 사람은 시작하는 사람보다 항상 뒤떨어지게 마련입니다.

그렇다면, 왜 이렇게 시도하는 사람이 많은 걸까요? "하다가 안 되면 말고!" 이런 생각 때문입니다. 자신의 전부를 걸고 승부를 걸겠다는 마음은 없고, 간부터 보겠다는 얄팍한 속셈 때문이지요. 실패할까 봐 두려운 겁니다. 가진 것을 모두 지키면서 하나 더 갖고 싶다는 욕심만 크기 때문이지요. 승부를 낼 배짱이 없는데 무슨 승부가 나겠습니까.

시도하는 사람이 많은 또 다른 이유는 욕구의 양면성 때문입니다. 변화와 성장에 대한 갈망을 갖고 있으면서 동시에 편하고 쉬운 방법을 택하고 싶다는 마음. 이 두 가지를 모두 품고 있으니까 과감하게 도전하지 못하고 깔짝깔짝 대는 겁니다. 식사는 못 하고 시식만 하는 셈이지요.

시작하면, 확률은 반반입니다. 만약 실패하게 되면, 다음 도전에서 성공할 확률은 훨씬 높아집니다. 실패를 두 번 하게 되면 다음에 성공할 확률은 더 커지겠지요. 성공하고 싶다면 시작해야 합니다. 온 힘을 다해서 한번 해봐야지요! 똑같은 일에 열 번 실패하면, 그 실패 경험만 갖고도 얼마든지 강의하면서 먹고살 수 있습니다. 모든 경험이 콘텐츠가 되는 세상! 겁날 게 뭐가 있습니까!

시도하지 말고 시작하세요! 간 보지 말고 쌈 싸서 와그작 씹어먹으세요! 발만 담그지 말고 온몸으로 뛰어드세요! 삶의 끝에서 마주하는 가장 큰 후회는 하지 않은 일에 대한 후회라는 걸 잊지 말았으면 좋겠습니다.

두려움의 실체는 허상입니다. 우리가 두려워하는 모든 일들은 아직 일어나지 않았습니다. 이미 일어난 일을 두려워하는 경우는 없습니다. 번지 점프 생각해 보면 금방 알 수 있습니다. 뛰어내리기 전에는 몸도 떨리고 손에 땀도 나지만, 일단 뛰어내리고 나면 두려움은 사라집니다. 무슨 일이든 마찬가지입니다. 시작하기 전까지만 두려울 뿐, 막상 시작하고 나면 두려운 감정은 느끼지 않습니다.

주저하고 망설이고 뒤로 물러나는 인생은 나중에 후회만 남깁니다. 제가 딱 그랬습니다. 왜 정신 똑바로 차리고 한 사람씩 만나 당당하게 응대하지 못했을까? 왜 채권자들 피해가며 두려워하기만 했을까? 무엇이 그렇게 무서웠을까? 지금 생각해 보면 그 시절 제가 너무도 한심하고 부끄럽습니다. 이런 후회를 두 번 하고 싶지 않습니다. 무슨 일이든 팔 걷어붙이고 일단 시작해봅니다. 하다 보면 더 나은 방법도 찾게 되고, 실수하고 실패하더라도 나 자신에게 부끄럽지 않으니 얼마든지 다시 도전할 수 있습니다.

글쓰기도 마찬가지입니다. 수많은 초보 작가들이 두려움 때문에 쓰지 못합니다. 잘 쓰지 못할 것 같은 두려움, 출간하지 못할 것 같은 두려움, 독자들한테 손가락질 당할까 싶은 두려움…. 이 모든 두려움을 한방에 없애는 유일한 방법은, 지금 바로 한 줄을 적는 것이죠. 일단 시작하면 글 쓰는 데에만 집중할 수 있습니다. 시작이야말로 성공의 시작입니다.

어텐션

오늘을 의미 있게

어른이 되어서도 배우고 공부하기를 게을리하지 않는 사람 많습니다. 예전에 비해 먹고사는 문제가 절박하지 않기 때문에 자아실현 쪽으로 관심을 돌리는 사람 많아졌다는 반증이기도 하겠지요. 중요한 것은, 자기계발 열심히 하는 사람 중에서도 성과를 내는 사람과 그렇지 못한 사람이 뚜렷이 구분된다는 사실입니다.

가장 좋은 방법은, 이미 큰 성과를 낸 사람의 삶을 들여다보면서 그의 생각과 말과 행동의 패턴을 본받는 것입니다. 아이들의 성장 속도가 빠른 이유는 '모방' 덕분입니다. 어른들이 하는 말, 어른들이 걷는 모습, 어른들이 하는 행동을 보면서 배우고 익힙니다. 그런 다음 자신만의 특성을 살려 나아가는 것이지요.

배움의 규칙은 같습니다. 내가 이루고자 하는 꿈과 목표를 이미 완성한 사람을 찾아 그를 닮고자 노력하면 비슷한 성과를 낼 수 있습니다. 자기계발에 성공한 모델을 찾아 닮기 위해 노력하는 것이 우리의 할 일이겠지요.

10년째 자기계발 공부하고 있습니다. 글도 쓰고 책도 읽고 SNS도 배우고 실천하며 내 것으로 만들기 위해 노력합니다. 그런 과정에서 여러 가지 "성공한 사람들의 특성"을 알게 되었는데요. 오늘은 그 중에서도 제가 인상적으로 받아들인 세 가지 특징을 소개하려 합니다.

첫째, 성공한 사람들은 누구나 할 것 없이 목표가 선명했습니다. 수많은 자기계발서와 강연에서 "목표를 세워라"라고 강조하는 이유가 다 있는 것이지요. 귀가 따갑도록 들어서 대수롭지 않게 여기는 경향이 있는데요. 목표를 선명하게 정하지 않는 사람이 성공할 확률은 적습니다. 아직 늦지 않았습니다. 지금부터라도 목표를 확실하게 세워야 합니다.

둘째, 성공한 사람들은 자신의 이익보다는 다른 사람 돕겠다는 마음으로 살아갑니다. 다른 사람 인생에 보탬이 되겠다는 생각으로 산 덕분에 정작 본인이 더 많은 풍요와 번영을 이루었다는 사실에 주목해야 합니다. 당장 내 앞길이 문제라고 여기는 사람들 많습니다. 저도 그랬습니다. 결과는 어땠을까요? 네, 맞습니다. 모두 잃었습니다. 옳고 그름을 따지자는 게 아닙니다. 이것이 현실이며 성공의 법칙이란 것이 중요합니다.

어텐션

셋째, 이것이 가장 중요한데요. 성공한 사람들은 오늘 하루를 잘 살아내는 것이 좋은 인생을 사는 최선의 방법이란 사실을 강조합니다. 미래의 꿈과 목표를 위해 오늘을 '희생'하는 사람도 많고, 흙수저 금수저 타령하며 오늘을 '대충' 사는 사람도 적지 않습니다. 인생은 과거와 미래가 아니라 오직 오늘, 현재뿐입니다. 오늘을 잘 살아낸 사람은 인생을 잘 살아낼 가능성이 크고요. 오늘을 엉망으로 살면 앞으로의 인생도 엉망이 될 가능성이 큽니다. 어떤 경우에도 오늘을 포기하지 말아야 합니다. 오늘과 지금이 내 인생을 만들 유일한 기회임을 잊지 말았으면 좋겠습니다.

글쓰기, 독서, 미라클 모닝, 마케팅, 브랜딩, SNS 등등 자기계발 분야도 다양하고 내용도 많습니다. 어떤 공부를 하든 "오늘"을 의미 있게 사는 것이 가장 중요하겠지요. 예전에 모 대학에 가서 학생들에게 동기부여 강연을 한 적 있습니다. 그들의 꿈과 목표를 듣고, 또 모두가 미래 인생에 대해 어떻게 생각하는가 접한 후에 감동받았던 기억이 납니다. 하지만, 강연이 끝나기 무섭게 약속이나 한 듯이 술을 마시러 가더군요. 다음 날 오후 3시쯤 되어서야 통화가 가능했습니다. 새벽까지 술을 만취가 될 정도로 마시고 점심 때가 지나서야 일어나서 강연료 관련 통화를 한 것이죠.

오늘을 흥청망청 보내면서 미래에 대한 꿈만 열심히 꾸는 것은 그야말로 허황된 생각입니다. 이루 말할 수 없을 정도로 실망했고, 젊

은이들의 미래가 염려되었지요. 글을 잘 쓰고 싶고 책을 내고 싶다는 이들 중에서 오늘 쓰지 않는 사람이 차고 넘칩니다. 상식으로도 이해할 수 없고, 그런 사람이 글을 잘 쓰거나 책을 낼 가능성은 제로에 가깝습니다.

연말이 다가오고 있습니다. 벌써부터 내년 계획을 세우는 사람도 눈에 띄는데요. 다 좋습니다만, 무엇보다 지금 내 앞에 선명하게 나타나 있는 '오늘'을 어떻게 보낼 것인가 하는 것이 가장 중요한 문제겠지요.

어텐션

실패를 극복하기 위해
싸워 이겨야 할 두 마리 악마

실수와 실패는 사람을 성장시키기도 하고 좌절시키기도 합니다. 어떤 경우에 성장할 수 있는지, 또 어떤 경우에 좌절하게 되는지 제대로 알아 둘 필요가 있습니다. 실수와 실패를 피해갈 수 있는 사람은 없습니다. 아무리 노력하고 연습해도 실수할 수 있고, 결과를 장담할 수 있는 사람도 없기 때문입니다.

먼저, 실수와 실패를 했을 때 전혀 성장하지 못하는 사람의 특성부터 알아보겠습니다.

첫째, 화를 냅니다. 받아들이지 못하는 것이죠. 열심히 했는데도 일이 잘 풀리지 않았기 때문에 자신에게 책임이 있다는 사실을 인정하기 힘듭니다. 실수와 실패의 원인을 세상 탓, 다른 사람 탓으로 돌리게 됩니다. 자기 합리화라고 말하기도 합니다. 이런 사람 입에서는 끝도 없이 변명과 핑계가 쏟아져 나옵니다. 잘못했다는 말 절대로 하지 않습니다. 원인을 받아들이지 못하니까 달라질 수 없지요. 성장할 수 없고 성공하지 못하는 이유입니다.

둘째, 숨깁니다. 감춥니다. 진실을 왜곡하거나 은폐하는 것이죠. 오래전 사업에 실패했을 때 제가 그랬습니다. 용기가 없었습니다. "도전했고, 열심히 했지만, 결국은 실패했다!"라는 한마디를 하기가 왜 그리도 어렵던지요. 주변 사람들이 보기에는 아마 멀쩡했을 겁니다. 아무 일 없다는 듯 숨기고 다녔으니까요. 결국은 곪아 터지고서야 실패가 드러났습니다. 때는 이미 늦었고, 저는 완전히 무너지고 말았습니다. 실수와 실패를 한 후에 숨기고 감추는 것은, 두 번 실수하고 실패하는 것이나 다름없습니다. 다시 일어서는 것도 몇 배나 힘들 수밖에 없지요.

셋째, 무너지는 사람들은 후퇴합니다. 회피합니다. 도망 다닙니다. 자기 잘난 맛에 살았는데, 실수하고 실패하면 더 이상 인정이나 칭찬을 받기 힘들다고 생각하는 것이죠. 사람을 피합니다. 사건을 회피합니다. 세상 밖으로 점점 밀려납니다. 두 눈 똑바로 뜨고 현실을 직시해야만 상황을 바꿀 수 있는데, 계속 뒷걸음질만 치니까 나아질 가능성이 없습니다.

　　　　　　　　　　　　어텐션

넷째, 결국 마지막에 가서는 포기하고 맙니다. 악착같이 달라붙어 승부를 내기보다는, 에라 모르겠다 다 때려치워라 두 손을 들고 항복합니다. 그럴 수밖에 없었다는 말로 자신을 위로하고 핑계를 대고 싶겠지만, 이들은 모르고 있는 사실이 있습니다. 포기와 항복이 세상에서 가장 쉬운 일이라는 것을요. 어쩔 수 없어서 포기하는 것이 아니라, 그것이 가장 쉬운 길이기 때문에 선택하는 겁니다. 쉬운 길 말고 옳은 길을 택해야 변화와 성장으로 도약할 수 있습니다.

지금까지 실수와 실패를 겪고 좌절하는 사람들의 특성을 살펴보았습니다. 중요한 건 지금부터입니다. 그렇다면, 실수와 실패를 겪고서도 끄떡없이 다시 일어나 더 큰 성장과 성공을 이루는 사람들은 어떤 태도를 가지고 있을까요? 이것이야말로 우리가 꼭 배우고 간직해야 할 메시지입니다. 성공하는 사람들은 매 순간 두 마리 악마와 싸웁니다.

첫 번째 악마는 '무지'입니다. 가장 위험한 무지는 자신이 제법 많이 알고 있다고 생각하는 오만이라는 무지입니다. 성공하는 사람들은 언제 어디서 어떤 상황에 처하든 무조건 배울 점을 찾습니다. 성공학에 관한 책을 보면, 마치 그들이 한자리에 모여 판을 짜고 쓴 것처럼 형식이 동일합니다. "실패 경험 + 교훈". 예외가 없습니다. 시간과 공간을 초월한 수많은 작가들이 어쩜 이리도 한결같이 실패 경험과 교훈을 자신의 책에 담았을까요? 그것이 진실이기 때문입니다. 배워야 합니다. 배우기 위해서는 겸손해야 하고요. 모든 순간에 배우겠다는 태도를 가지면, 어떤 경우에도 성장하고 성공할 수 있습니다.

두 번째 악마는 '게으름'입니다. 재미있는 것은, 게으른 사람들의 입에서도 열심히 최선을 다한다는 말이 당당하게 쏟아져 나온다는 사실입니다. 성공하는 사람들은 나태하지 않습니다. 자신이 이루고자 하는 바를 이루는 순간까지 전력질주를 합니다. 이만하면 됐다는 생각, 결코 하지 않습니다. 치열하게 살면서도 피곤하고 지친다는 말 하지 않습니다. 점점 목표에 다가가고 있다는 확신을 가지기 때문에, 오히려 갈수록 에너지가 넘칩니다.

> "내 안에는 하늘로 날아오르고 싶은 독수리가 한 마리 있고, 진창에서 뒹굴고 싶은 하마도 한 마리 있다."   － 칼 샌드버그

실수와 실패를 어떤 태도로 대하는가에 따라 전혀 다른 삶의 모습을 만나게 됩니다. 독수리를 선택하는 사람이 더 많았으면 좋겠습니다.

작심삼일을 극복하는 돌파구

변화와 성장을 이루겠다는 각오로 새로운 도전을 펼칩니다. 경험이 부족하여 익숙지 않아 꾸준히 지속하기가 힘들지요. 흔히 작심삼일이라 표현합니다. 시작하는 사람은 많지만 계속하는 사람은 적은 이유입니다. 아침에 일찍 일어나는 것도, 책을 읽는 것도, 글을 쓰는 것도, 시간을 효율적으로 쓰는 것도, 모두 나름의 의미가 있지만, 실천을 계속하지 않으면 아무짝에도 쓸모없습니다.

변화와 성장은 왜 이토록 힘든 걸까요? 첫째, 뇌가 변화를 위험으로 인지하기 때문입니다. 평소와 다른 행동을 하면 뇌는 즉각 방어적으로 돌변합니다. 신호를 보내지요. 내일부터 할까? 5분만 쉴까? 다른 바쁜 일도 많잖아! 머리가 아픈 건 아닌가? 온갖 달콤한 유혹으로 나를 막으려 합니다. 본능적 반응이란 뜻이죠. 둘째, 절실함과 필요성이 부족하기 때문입니다. 하지 않으면 안 되는 이유와 근거가 부족한 상태에서, 막연히 하면 좋겠다는 생각으로 시작하기 때문에 중도에 멈추기도 쉬운 겁니다. 셋째, 당장의 성과를 확인할 수 없기 때문입니다. 오늘 책 쓰고 내일 출간된다고 하면 아마 지금보다 몇 배 더 많은 작가가 탄생했을 겁니다. 짧은 시간에 성과를 내고 싶어하는 조급함이 꾸준한 실행을 방해합니다.

작심삼일과는 조금 다른 얘기가 될 수도 있습니다만, 이번에는 신뢰에 관한 이야기를 해볼까 합니다. 당신은 누구를 가장 신뢰합니까? 누구를 가장 존경합니까? 누구를 가장 좋아합니까? 누구를 가장 아낍니까? 각각의 질문에 대해 답을 해 보시기 바랍니다.

이번에는 다른 질문을 하겠습니다. 당신 주변에 있는 사람들한테 위와 똑같은 질문을 했을 때, 그 답이 당신일 가능성은 얼마나 될까요? 맨 처음 저 자신에게 위 질문을 던졌을 때의 기억이 생생합니다. 잠시 얼빠진 사람처럼 그 자리에 가만히 앉아 있었지요. "내가 존경하고 좋아하고 신뢰하는 사람이 누구인가"라는 질문에만 초점 맞춰 살았습니다. "나는 주변 사람들한테 어떤 존재인가"라는 생각은 해 본 적 거의 없었거든요. 인정과 칭찬에 목을 매는 것은 바람직하지 않은 태도지만, 타인으로부터 신뢰받을 만한 사람으로 살아가는 것은 대단히 중요한 자세입니다.

그렇다면 나는 어떻게 해야 다른 사람들의 신뢰와 존경을 받을 수 있을까요? 그 답은 뻔합니다. 내가 신뢰하고 존경하는 사람들 모습을 그려보면 되겠지요. 나는 왜 그들을 신뢰하고 존경하는가? 몇 가지 정리해 보았습니다.

첫째, 말이 적습니다. 행동으로 보여줍니다. 말하기는 쉽습니다. 행동하기는 어렵지요. 말만 늘어놓고 실천하지 않는 사람, 전혀 신뢰가지 않습니다. 말수도 적고 느릿하게 보이지만, 묵묵히 자신의 일을 꾸준하게 하는 사람이야말로 믿음이 갑니다. 전화 문자 등을 통해 반드시 글을 쓰겠다 다짐하고 선언하는 사람 적지 않습니다. 하지만 저는 그런 사람들보다는 매주 빠짐없이 강의에 참석하는 사람들한테더 믿음이 갑니다. 글을 잘 쓰고 못 쓰고는 중요치 않습니다. 경험은쌓여야 빛을 발하고, 공부와 연습 꾸준히 해야 실력이 향상되는 것이지요. 강의에 참석하는 빈도를 보면 가능성을 확인할 수 있습니다. 말보다 행동이 중요합니다.

둘째, 투덜투덜 불평 불만 쏟아내는 사람보다는 밝고 긍정적인 사람을 신뢰합니다. 입에다 불평을 물고 사는 사람 있습니다. 함께 있으면기가 빨립니다. 그러지 말라고 조언도 해 보았는데 그게 또 심기를 건드린 모양입니다. 이런 사람들은 누가 무슨 말을 해도 삐딱한 생각부터 하기 때문에 달라질 가능성이 거의 없다고 해도 과언이 아닙니다. 관계를 끊고 멀리하는 것이 최선입니다. 반면, 만날 때마다 환하게 빛나는 사람 있습니다. 늘 웃고 유쾌하고 호탕합니다. 표정도 밝고 말도 빛나고 눈빛도 예쁩니다. 오래 함께 있어도 더 있고 싶지요. 그냥 좋기만 한 정도가 아니라, 뭐라도 한 가지 배우고 싶다는 생각마저 들게 합니다. 밝고 긍정적인 태도 자체만 배워도 인생 달라질 겁니다. 어떤 사람을 믿고 따를 것인지 더 이상 설명하지 않아도 되겠지요?

셋째, 자기가 하는 일에 미쳐 있는 사람한테 믿음이 갑니다. 미쳐 있다는 말은 어떤 의미일까요? 자신의 일을 좋아한다는 뜻입니다. 과장해서 말하면, 돈을 받지 않고도 그 일을 계속할 것 같다는 생각이 들 정도입니다. 물건 하나를 팔기 위해 열심히 설명하는 사람의 눈은 엽전 모양입니다. 하지만 그 물건을 좋아하고, 물건 파는 일 자체를 좋아하는 사람의 눈빛은 마치 사랑에 빠진 듯하지요. 〈책쓰기 수업〉에 등록하라고 노래를 부르고 다니면 저는 장사꾼이 되고 말 겁니다. 실제로 그렇게 해서 등록한 사람 몇 되지도 않고요. 글 쓰는 게 좋아서, 강의하는 게 좋아서, 두 시간 수업하면 목이 다 쉴 정도입니다. 적어도 글 쓰는 삶에 있어서 만큼은 스스로 광분할 지경이지요. 누가 말려도 계속할 겁니다. 아니, 말릴 수도 없습니다. 글쓰기와 강연에 미쳐 있으니까, 마케팅 한 번 제대로 해본 적 없는데도 지난 8년 동안 끊임없이 신규 수강생이 확보될 수 있었던 겁니다. 영업 성과를 극대화할 수 있는 최고의 방법이 있습니다. 팔지 말고 사랑에 빠지면 됩니다. 눈에 뵈는 게 없을 정도로 자신의 일을 사랑하면 변화와 성장 이룰 수밖에 없겠지요. 잘 안 된다고요? 그럼 미친 척이라도 하세요.

어텐션

그런 척 살면 실제로 그렇게 됩니다.

자, 이제 다시 제목으로 돌아가겠습니다. 작심삼일을 극복하는 돌파구입니다. 지금까지 신뢰에 관해 말씀드렸는데요. 자연스럽게 연결되지 않습니까? 작심삼일을 극복하는 돌파구는 이렇게 정리할 수 있겠습니다.

첫째, 말하는 시간보다 행동하는 시간을 늘여야 한다!
둘째, 털끝만큼도 불평 불만을 입밖에 내지 말고 오직 긍정의 태도를 유지하라!
셋째, 자기가 하는 일에 미쳐야 한다. 미치지 못하겠으면 미친 척이라도 하라!

무엇보다 중요한 것은, '나는 무슨 일을 해도 작심삼일로 끝나.'라는 생각 자체를 바꿔야 한다는 사실입니다. 자신을 믿지 못하는 사람은 아무것도 할 수가 없지요. 과거와 결별하고 지금부터 시작하면 됩니다.

"나는 오늘부터 작심삼일을 작심삼일로 끝내겠어!"

놓아주고 흘려보내기

다른 사람들로부터 평가를 받고 낙인이 찍힙니다. 손가락질을 받기도 하고, 등 뒤에서 흉보는 소리를 들어야 할 때도 있습니다. 인정받고 칭찬 들을 때도 없지 않지만, 그런 경우에는 별 문제가 될 게 없지요. 불편한 이야기를 들을 때면 마음이 순식간에 흔들립니다. 아마도 인간이 가진 본능적 성향이 아닐까 싶습니다. 다른 사람 말하기를 좋아하고, 다른 사람 말에 흔들리며 위태로운 삶을 살아가는 것 말입니다.

가장 좋은 공부는 경험입니다. 매 순간 선택하고 판단하고 결정하는 행위의 근원에는 바로 이 경험이란 게 존재하지요. 불이 뜨겁다는 사실을 경험한 바 있으니까 위험한 줄도 압니다. 등산 갔다가 식겁한 적이 있으니 산에 오를 때마다 단단히 준비를 갖추는 거겠지요. 물건

어텐션

을 잃어버린 경험이 있으면 좀 더 소중하게 자기 것을 챙기게 됩니다.

이렇듯 우리는 과거의 경험을 바탕으로 현재를 살아가고 미래를 준비합니다. 혹시 다른 사람들의 입에서 나오는 쓸데없는 이야기들이 실제로 자기 삶에 영향을 미친 적이 있던가요? 글쎄요. 저는 한 번도 없었던 것 같습니다. 그들은 언제나 부정적인 말을 입에 담고 살아갑니다. 스스로 뭔가를 할 수 있는 능력이 부족하고, 노력조차 하지 않는 사람들이라서 타인을 끌어내리는 것만이 유일한 낙이지요. 우리는 분명 경험했습니다. 다른 사람들이 나를 향해 던지는 무수한 말들이 모두 신경 쓸 만한 가치가 없다는 사실을 말입니다. 그런데도 왜 자꾸만 타인의 손가락질에 신경을 쓰고 흔들리는 걸까요? 자신만의 중심이 제대로 잡히지 않아서입니다. 어떻게 살아가야 한다, 나의 소명은 무엇이다, 내 길을 가겠다, 등의 확고한 가치관과 삶의 철학이 구비되지 않았기 때문에 혹시 저 사람의 말이 맞지 않을까 약해지는 거지요.

놓아주고 흘려보내야 합니다. 결국은 우리 마음이 전부거든요. 어떻게 마음을 먹느냐 하는 것이 선택과 판단을 결정합니다. 평생 다른 사람들 눈치나 보면서 살아갈 것인지, 아니면 철저하게 내 삶의 울타리를 치고 소명 의식을 갖고 살아갈 것인지. 선택은 오직 내 손에 달렸습니다.

놓아주고 흘려보낸다는 것이 말처럼 쉽지 않지요? 이렇게 한번 생각해 보면 어떨까요? 남 흉보기 좋아하는 사람들은 사실 대단히 불쌍한 사람들입니다. 관심을 끌고 싶어 하지요. 스스로의 힘으로 자신의 삶을 개척해 나갈 용기와 힘이 전혀 없는 사람들입니다. 대부분이 등 뒤에서 중얼거립니다. 그만큼 자신도 없고, 기백도 없지요. 더 중요한 것은, 정작 본인이 하루 종일 다른 사람 흉보고 다닌다는 사실을 전혀 모른다는 사실입니다. 친구랑 통화하면서도 누군가를 씹고, 둘만 마주 앉아도 다른 사람 흉봅니다. 물어뜯지 못해서 안달이지요. 그러는 자신들에게도 더 큰 문제점과 단점이 가득하다는 사실조차 모르고 있습니다.

그러니까 놓아주고 흘려보냅시다. 괜한 노력으로 뜯어고치려 하지 말고, 쓸데없이 상처받지도 말고, 일일이 상대하려 하지도 말았으면 좋겠습니다. 저도 한때 남 얘기하는 거 좋아했고, 다른 사람 끌어내리려 애쓰며 살았습니다. 그래서 폭삭 망해버렸지요. 말이나 글은 반드시 자신에게 돌아옵니다. 눈덩이처럼 불어나서 한꺼번에 들이닥칩니다. 한 마디, 한 줄, 함부로 던져서는 결코 안 되겠습니다.

어텐션

소원을 이루는 방법

종교를 가지고 있지 않습니다. 한때는 신의 존재를 철저히 부정하고 살았지요. 모든 것은 나의 능력이고, 내가 이뤄내는 거라고 믿으며 살았습니다. 그러다가 어느 순간, 간절히 신을 찾게 되었습니다. 제 삶이 완벽하게 무너졌을 때, 저는 두 손을 간절히 모으고 신을 불렀습니다. 그가 어떤 모습으로 어디에 존재하는지는 알 수 없지만, 저는 이제 신이 곁에 있다는 사실을 잘 알고 있습니다. 그게 아니라면 제 삶이 이렇게 순식간에 변화할 수는 없었을 테니까요.

'에잇 씨팔! 내 삶은 왜 이모양이야! 좀 잘 살아보려고 했는데, 그게 무슨 큰 죄라고…. 돈은 다 날리고, 전과자에 파산자라니. 알코올 중독에 걸려 헤어나질 못하고, 막노동판에서 뼈빠지게 일하며 오물을 뒤집어쓰고 살아야 한다니 정말 어처구니가 없다. 도대체 언제까

지 이렇게 살아야 하는 거야!'

매일 글을 쓰고 있으면서도 이런 생각을 지울 수가 없었습니다. 너무 힘들었으니까요. 가족들 앞에서는 웃음 지었습니다. 내가 힘들어하면 부모님과 처자식도 함께 힘들어할 테니까 어쩔 도리가 없었습니다. 그래도 혼자 있을 때면, 정말 죽기보다 싫은 삶을 매일 살아야 했습니다.

신의 존재를 믿기 시작한 것은 어떤 계기가 있었던 게 아닙니다. 더 이상 잃을 것이 없었으니까 그냥 될 대로 되라는 심정으로 매달려 본 거지요. 우선 신이라는 존재가 좀 어렵게 느껴졌습니다. 엄청나게 크고 위대한 존재라 생각됐으니까요. 그래서 자연스럽게 고개가 숙여졌습니다. 신을 앞에 두고 무슨 말이든 해야겠는데, 평소에 투덜거리듯 욕을 섞어가며 말할 수는 없었습니다. 일단은 이렇게 시작했습니다. "어쨌든 저를 이렇게 죽지 않고 살게 해주셔서 감사드립니다!"

그러고는 계속 이어서 말하기 시작했지요. 책에서 읽은 대로 부정적인 말이나 생각 따위는 당분간 접기로 했습니다. 해 보고 안 되면 말고…. 뭐 이런 심정이었으니까요.

좋은 말들을 하려고 떠올려보니까 감사, 행복, 희망, 용기, 도전, 풍요, 평화… 이런 정도였습니다. 말도 습관이 되더군요. 어쨌든 일정 기간 동안만이라도 신의 존재를 믿기로 했으니, 딱 그 기간만큼은 세상을 향해 욕설을 내뱉지 않기 위해 노력했습니다. 신이 정말로 존재하는지 어떤지 저는 아직도 모릅니다. 본 적도 없고 만난 적도 없으니까요. 그러나, 각자가 믿는 방식에 따라 존재하는 것이 신이라면 저는 추호도 의심의 여지 없이 신을 믿습니다. 그것도 어디 멀리 있는 게 아니라, 하루 24시간 내내 제 곁에 딱 붙어 있다고 확신합니다. 메모지를 하나 들고 있을 겁니다. 그리고 제가 하는 모든 생각과 말을 빠짐 없이 기록할 겁니다. 이렇게 말하면서 말이지요. "뭐든 말만 해라. 다 들어줄 테니."

욕을 하고, 투덜거리고, 불평하며 살았던 시절에도 신은 아마 제가 하는 모든 생각과 말을 메모지에 적었을 겁니다. 그러고는 딱 그대로 제 삶을 만들었겠지요. 좋은 말만 하고, 좋은 생각만 하니까 신은 또 그대로 적어서 제 삶을 만들었을 겁니다. 허황된 이야기가 아닙니다. 가만히 생각해 보면 너무나 쉽고 단순한 얘기지요. 사람의 생각은 물질이라고 합니다. 생각하는 바가 그대로 현실로 나타난다고 합니다. 적어도 상식적인 선에서 제대로, 구체적으로 바란다면 충분히 가능성이 있다고 믿습니다. 여기에는 한 가지 전제조건이 붙습니다. 생각과 말은 반드시 행동으로 이어져야 한다는 거지요. 혹자들은 이 말을 듣고 "에이, 그게 뭐야. 그럼 결국 신이 해주는 게 아니라 스스로 노력해서 만들어내는 거잖아."라고 말할지도 모르겠습니다. 스스로 노력을 해서 하나를 이룰 수 있다면, 내 곁에 존재하는 신과 함께하면 세 개 네 개를 이룰 수 있습니다. 훨씬 빠르고, 훨씬 효과적입니다.

신의 존재유무를 논하자는 게 아닙니다. 부정적인 생각 하나, 불평불만 한 마디, 어둡고 차가운 표정, 축 처진 어깨…. 삶이 뜻대로 잘 풀리지 않는다면 가장 먼저 바꿔야 할 것들입니다. 성공한 사람들이 한결같이 말하는 "공통점"이 있다면, 그대로 따라 해볼 만한 충분한 가치가 있는 거겠지요. 지금도 제 곁에는 세상에 못할 일이 없는 위대한 "신"께서 열심히 저의 생각과 말을 받아적고 있습니다. 그러니 당연히 좋은 생각과 말을 계속 해야겠지요. 한계가 없는 무한 가능성의 존재. 두려울 것도 없고, 불가능할 것도 없습니다. 소원은, 반드시 이루어집니다!

삶에 주목하라!

인간의 뇌는 의식과 무의식으로 나뉘어져 있습니다. 의식보다 무의식의 영향이 훨씬 큽니다. 무의식을 좌우하는 방법을 알면 세상은 지금과는 비교도 할 수 없을 만큼 변화하고 성장할 겁니다. 그런데 세상에! 그 방법이 있다는 것이죠. 바로 의식입니다. 쉽게 말하자면, 의도적인 생각이 무의식을 좌우할 수 있다는 의미입니다. 의도적인 생각으로 무의식을 움직이기 위해서는 몇 가지 조건이 있습니다.

첫째, 바라는 목표가 선명해야 합니다.
둘째, 목표를 다 이룬 것처럼 "진행형으로" 생각해야 합니다.
셋째, 이미지 즉 시각화를 사용하여 생각하면 효과가 큽니다.
넷째, 생각할 때는 감정을 동반해야 합니다.
다섯째, 의도적인 생각을 반복해야 무의식에 닿을 수 있습니다.
여섯째, 위 과정을 모두 마쳤다면, 온 힘을 다해 행동해야 합니다.

위 여섯 가지 항목 중에서 어느 하나 소홀히 다룰 만한 게 없습니다. 중요한 것은, 아마 지금 이 부분을 읽는 독자들도 이미 다 아는 내용일 거란 사실이지요. 끌어당김의 법칙이나 유인력의 법칙에 관한 책을 한 권 정도만 읽었다면, 그 내용을 대충이라도 기억할 겁니다. 그럼에도 왜 실현하는 사람이 적을까요? 방법이 명확하고 모두 이해하고 실천하는데도 바라는 삶을 이루지 못하는 이유가 대체 무엇일까요? 이것이 바로 제가 이 책을 쓴 이유입니다.

"어텐션"은 곧 관심입니다. 주목해야 효과가 있습니다. 목표를 정했으면 종일 목표만 생각해야 합니다. 아니, 인생을 통째로 그 목표를 향해 퍼부을 수 있어야 합니다. 생각보다 많은 사람이 목표를 정하기만 하고 그 목표에 대해 별로 생각하지 않는다는 사실에 놀라지 않을 수가 없습니다. 아이를 낳아놓고 돌보지 않으면 어떻게 될까요? 목표도 똑같습니다. 아무리 멋진 목표를 정해도, 관심 갖지 않고 주목하지 않으면 목표를 세우지 않은 것이나 똑같습니다.

진행형 생각도 마찬가지입니다. 꿈을 이룬 것처럼 "현재진행형으로" 생각해야 한다는 말도 많이 들어보았을 겁니다. 문제는, 이론만 알고 평소 관심을 전혀 갖지 않는다는 사실입니다. 매일 아침 일어나 "이미 목표를 다 이룬 사람처럼" 생각하고 느끼고 기쁨과 행복을 누려야 하는데, 아예 관심조차 주질 않으니 효과가 없는 것이지요.

시각화, 감정, 반복, 행동 등 모든 항목이 똑같습니다. 일상생활을 하면서 늘 자신의 목표와 인생과 생각과 말과 행동에 주목해야만 원하는 결과를 가질 수 있습니다. 먹고살기 바쁜데 어떻게 매일 그런 '주목'을 할 수 있느냐고 반문하는 사람 있을 수 있습니다. 딱 하루만 실험해 보세요. 자신이 종일 어떤 생각을 많이 하고 있는지 점검하는 겁니다. 아마 대부분 사람이 부정적이고 불편한 생각을 더 많이 할 겁니다.

인간의 뇌는 위험으로부터 우리를 보호하도록 진화했습니다. "평소와 다른" 생각과 말과 행동은 모조리 "위험"으로 간주하는 것이죠. '나'를 괴롭히거나 상처 준 것들도 모두 "위험"으로 여깁니다. 수시로 그런 위험을 떠올리고 방어해서 '나'를 지키는 것이 뇌의 임무인 셈이죠. 가만히 있으면 부정적이고 삐딱한 생각을 하게 됩니다.

이러한 이유로, 우리에게 가장 필요한 것은 뇌의 본성을 역행하는 도전과 모험이라 할 수 있겠습니다. "어텐션!" 바로 의도적인 관심과 주목이 절대적인 도구라는 결론입니다. 생각에 관심을 가져보세요. 자신이 바라는 인생과 목표에 대해서만 생각해야 합니다. 쓸데없는 생각에 시간과 에너지를 낭비하면서 성공할 수 있는 방법은 없습니다.

자신이 하는 말과 자신이 쓰는 글과 자신이 하는 행동 모두에 관심을 가지고 주목해야 합니다. 관심 없으면 제멋대로 흘러갑니다. 주목하지 않으면 매 순간 놓칩니다. 이제 내 삶을 움켜쥐고 원하는 대로 방향을 설정하며 주인으로 살아가는 기쁨을 누려야 할 때입니다. 어텐션!

자이언트 북 컨설팅 대표

이은대